别插手，让孩子自立的家务课

辰巳渚の頭のいい子が育つ
「お手伝いの習慣」

[日] 辰巳渚 著 宋天涛 译

辰巳渚の頭のいい子が育つ「お手伝いの習慣」

© Nagisa Tastumi 2009

Originally published in Japan by Shufunotomo Co., Ltd.
Translation rights arranged with Shufunotomo Co., Ltd.
Through Shanghai To-Asia Culture Co., Ltd.

北京市版权局著作权合同登记　图字：01-2019-6294号。

图书在版编目（CIP）数据

别插手，让孩子自立的家务课 /（日）辰巳渚著；宋天涛译. —北京：机械工业出版社，2020.6
ISBN 978-7-111-65594-7

Ⅰ. ①别… Ⅱ. ①辰… ②宋… Ⅲ. ①家庭教育 Ⅳ. ①G78

中国版本图书馆CIP数据核字（2020）第081525号

机械工业出版社（北京市百万庄大街22号　邮政编码100037）
策划编辑：刘文蕾　刘春晨　　责任编辑：刘文蕾　刘春晨
责任校对：赵　燕　　　　　　封面设计：吕凤英
插画作者：藤原HIROKO　松井NATSU代
责任印制：张　博
北京宝隆世纪印刷有限公司印刷

2021年4月第1版第1次印刷
145mm×210mm・7.625印张・176千字
标准书号：ISBN 978-7-111-65594-7
定价：49.80元

凡购本书，如有缺页、倒页、脱页，由本社发行部调换

电话服务　　　　　　　　　网络服务
客服电话：010-88361066　　机　工　官　网：www.cmpbook.com
　　　　　010-88379833　　机　工　官　博：weibo.com/cmp1952
　　　　　010-68326294　　金　书　网：www.golden-book.com
封底无防伪标均为盗版　　　机工教育服务网：www.cmpedu.com

序

家就是生活。我认为如此。

家务,就是围绕着家的运转而展开的活动,代表着人是有生命的,也蕴含着人们赖以生存的非常重要的东西。

孩子每天都会体验各种新鲜事物,不断学习和成长。在孩子的成长环境中,家庭是重中之重。以"帮忙"的形式让孩子参与到家务劳动中,能培养出更强大的生活能力和思考能力。

本书通俗易懂地介绍了哪些家务适合孩子做,父母又该以何种方式教会孩子做家务,很适合处于育儿时期的父母阅读。本书对家务劳动的要点以及教育不顺利时该如何劝导孩子等,都有具体的说明。

父母没有必要让孩子把所有可以帮忙的家务劳动都一口气尝试一遍,请自然地、逐渐地将家务融入孩子的生活中,让孩子和父母一起体验做家务的乐趣。也希望每一位父母都能和孩子一起找到适合自家的通过家务互动与成长的方式。

辰巳渚

目 录

- 序

第一章 Chapter 1
帮忙做家务可以锻炼孩子的各种能力

帮忙做家务有许多好处 / 002

家务只有父母能教 / 013

如何巧妙地叫孩子帮忙 / 017

让孩子收拾自己的空间 / 021

专栏：家务劳动和家庭中的每个人息息相关 / 028

第二章 帮忙做家务可以培养孩子的自立心

用眼睛观察每天都会进行的家务劳动 / 032

收　拾 / 036

打　扫 / 048

洗衣服 / 072

就餐准备 / 092

做　饭 / 108

专栏：孩子帮忙时父母要看护到何等程度 / 128

第三章 培养孩子"体贴"能力的家务劳动

使生活更加舒适的家务劳动 / 132

使生活正常运转的家务劳动 / 136

正确处理使用过的物品 / 148

保　养 / 160

专栏：做家务会让身体更强壮 / 176

第四章 可以增强自信、培养责任感的独立劳动

可以一个人完成的家务劳动地图 / 180

跑腿儿 / 184

照顾和照料 / 204

专栏：爸爸和男孩子也来做家务吧 / 216

第五章 通过一整年的家务劳动，培养孩子丰盈的内心

在期待中准备——季节性家务劳动日历 / 220

季节性传统活动 / 223

季节性换衣 / 226

大扫除 / 230

附　录 / 234

第一章 帮忙做家务可以锻炼孩子的各种能力

"没时间教孩子做家务""自己做反而完成得更快",
对于抱有这些想法的父母,我想告诉你们,
帮忙做家务隐藏着许多有助于孩子成长的好处。
通过教孩子帮忙做家务,
父母也会发现家务的真正乐趣所在。
和孩子一起做家务,把孩子打造成勤快的小帮手吧!

帮忙做家务有许多好处

有助于孩子成长

我们都知道,无论对于孩子还是父母,让孩子帮忙做家务都是极其重要的。但在忙碌的生活和工作中,将"帮忙做家务"自然地融入孩子每一天的生活,是不太容易的。

以前没有家电、没有各种便捷的工具,也没有花钱就能享受到的服务,让孩子帮忙真的是帮了大忙。而现在,仅凭妈妈一个人就能麻利地处理好家务。

"指望没完没了地抱怨、磨磨蹭蹭就是不去做的孩子,还不如自己做,不仅快,而且自在",这样想也情有可原。

不过,家务中隐藏着许多有助于孩子成长发育的好处。我甚至觉得,是家务培养了孩子成长。做家务可以拓展孩子的能力、增强孩子的自信,还能加深孩子和家人之间的亲情。

第一章
帮忙做家务可以锻炼孩子的各种能力

现在,即便不借助孩子的力量,生活也能照常运转,但正因为如此,父母才更应该有意识地创造机会让孩子帮忙做家务。

好处 ❶
培养出自立且强大的孩子

家务,也就是身边的工作、家中的工作。如果孩子能够处理好身边的事情,就会产生自信——"我一个人也能独立生活""自己一个人没问题"。

当小孩子可以自己上厕所、自己吃饭时,他就会很开心。当妈妈打算帮忙的时候,他会摆手拒绝:"我自己能做到!"做到后,会笑眯眯地向妈妈炫耀:"我做到了!你看!"

不只是孩子,有些行动不便的老人,也会想要自己清洗随身的衣物,自己整理床铺。如果护工帮忙做,有的老人甚至会生气,也许是因为感到自己作为成年人的自尊受到了伤害。

认可自我的价值和能力,就是"自尊"。当一个人拥有自尊心,那么无论遇到什么困难,他都会相信自己能够跨越。

帮忙做家务的三个好处

1 培养出自立且强大的孩子
帮忙做家务有助于培养处理好身边的事情、独当一面的能力，构建自立的基石。

2 培养真正的学习能力
帮忙做家务可以活动身体，激发思考力和好奇心，培养行动力、专注力和积极性，这些都是学习能力的基础。

3 加深家人之间的联结
帮忙做家务可以让孩子体会到被父母依赖的感觉。通过一起做家务，成为互相扶持的家人。

我认为，可以独当一面的条件有三个：

- 自己能处理好身边的事情；
- 自食其力；
- 和周围的人构建良好的关系。

实际上,做家务与这三个方面全部相关。特别是与"自己能处理好身边的事情""自食其力"密切相关。

好处 ❷
培养真正的学习能力

不仅仅是孩子,只要是拥有鲜活身体的人,其双手和身体,与内心和大脑都是联动的。

有位学者曾指出,人在散步时会经常冒出各种想法和创意。活动身体,大脑也会跟着活跃。很多人都呼吁:"现在的孩子一直玩游戏机、看电视,生活体验太少了,多活动活动身体吧。"玩泥巴、爬树、露营……各种各样好玩的项目有很多。

不过我认为,为了生存而活动双手和身体去处理身边的工作,是人类的基本活动。通过帮忙做家务去活动双手和身体,给内心和大脑带来的影响和玩游戏是截然不同的。

日本人通常认为,孩子不可见的学习能力问题才是根源,如专注力、好奇心、投入的积极性等,是学习能力的源头。如果缺乏学习能力,思考力便会不足。如何才能掌握这些核心动力呢?虽然有难度,但帮忙做家务无疑会成为助力。

好处 ❸
加深家人之间的联结

如果问孩子:"帮忙有哪些好处呢?"一般最先得到的答案是"能帮到家人""帮到了妈妈""会听到别人说谢谢,很开心"。

因帮助到家人而感到喜悦,这对孩子来说,是最直接、最容易体会到的帮忙的好处。

家人之所以是家人,仅靠血缘维系是不够的。当然,只是住址、户籍相同,或者只是住在同一个屋檐下,都不能称为家人。

我认为,家人之所以是家人,和一起做家务是相关的。

家人之间要想紧密相连,就必须为家庭和生活出力,构建起互相依赖的关系。

一屋不扫何以扫天下

我时常会问小学五六年级或初中等稍大点儿的孩子:"你将来想做什么工作呢?"其中必定有孩子回答:"想做对人类有所贡献的工作。"这些孩子从小就有这种想法,真的很棒。

第一章
帮忙做家务可以锻炼孩子的各种能力

人都有强烈的愿望——被别人需要。

通过被别人需要来认可自己的价值,通过被别人认可来相信自己的能力。

当然,工作的理由也有金钱、地位等因素的存在。包括欲望在内,对于生存所需的内在动力,即便是孩子,也是可以理解的。

那么,什么是对人类有贡献的工作呢?志愿者活动、非营利活动是对人类有贡献的工作吗?政治家、公务员呢?公司职员也对人类有贡献吗?

为他人和社会而工作的职业,就是有贡献的职业,这样说孩子会更容易明白。

我认为想要通过工作帮助到别人,不需要做多么特别的事情。很多工作都能够对他人有所贡献。

能不能帮到别人,取决于自己。

在家里帮忙做家务,是为妈妈而工作,为家人而工作,他们对于自己来说,是最重要的人。如果连最重要的人都帮不到,那么进入社会后,更帮不了他人。

父母要让孩子在家里一点点地积累帮助他人的经验,体验并理解帮助他人到底是什么,只有这样,等孩子长大后进入社会,才能找到适合自己的工作岗位。

自己的事 + 他人的事 = 帮忙

父母一般会教育孩子"自己的事情自己做"。孩子也许会产生误解，认为只要做好自己的事情就可以了。"自己的事情自己做""被定为帮忙的工作就是帮忙"，如果如此加以区别，帮忙就变成了高门槛的工作。

例如，在玄关脱鞋时，摆齐自己的鞋子后，顺便把弟弟脱下来的鞋子也摆好，就是很帅气的帮忙。家人喝完茶后，把自己的茶杯端进厨房时，顺便把家人的也端进去，也是帮忙。

"看见了自己能做的事""虽然其他人也能做，但还是自己做吧"，如果在家里能够注意到这些微不足道的举手之劳，并且瞬间行动起来，孩子就会成为能够驾驭任何场合的通用型人才。

做家务的乐趣就是生活的乐趣

"让孩子帮忙做家务有助于培养孩子的能力"，这么一说，父母就可以把让孩子帮忙的目的当成是拓展孩子的能力。

帮忙做家务的确有很多好处，因此有的父母就会想，

第一章
帮忙做家务可以锻炼孩子的各种能力

"既然对孩子这么好,不做反而是损失",不过还是要循序渐进、逐步进行。

那么,是不是孩子本不想帮忙,父母却因为这些好处强迫孩子去做呢?

不,其实做家务的过程中,隐藏着许多乐趣。

比如,看着脏脏的衣服渐渐变得干净整洁,会令人感到快乐;摸着湿湿的布料,凉凉的很舒服;把衣服晾晒在外面时,可以呼吸清新的空气,眯着眼沐浴阳光,非常惬意;叠衣服、收纳时,嗅着衣服散发出的芳香,可以体会到"完成了"的充实感。

打扫也一样。

"什么时候开始用吸尘器呢?"在父母的推迟中期盼地等待着,当可以"开始干"的时候,会有强烈的满足感。看着垃圾被吸进去,听着它们在吸尘器的软管里发出声响,也会觉得有趣。打扫完环视房间,感觉连空气都变得清新了,成就感太高了。

身边的工作也会令人感到快乐。和那种耀眼的快乐不同,这种生活中的点滴快乐会渐渐地深入内心,在某个时刻又会暖暖地从内心深处涌出来,是让人深有体会的乐趣。

虽然温和,但它们和生活直接相关,所以能得到切身的感受。

孩子通过做家务也一定会得到某些快乐。即使效果不会当场显现出来，但也已经渗入孩子的内心和身体，在将来的某一天会突然转化成孩子的能力。

并不只是因为有用才开心

"帮到家人的喜悦"也是如此。

孩子只是因为能帮到家人而快乐吗？

不只是那样。为了家人而工作，妈妈会对自己笑。爸爸会说："帮大忙了。"兄弟姐妹会开心地说："谢谢！"

自己劳动，别人会开心。看着对方喜悦的神情，自己也会变得快乐。那是发自内心的喜悦。

换言之，因为自己会变得快乐，所以才会帮忙。

孩子说的"做家务的好处是可以帮到家人"，并不是出于道德上的"帮助别人是好事"才说的。比起"想成为对家人有用的人"，更主要的原因是"为了开心、为了家人而帮忙"。抱有这种想法的人是非常有魅力的。

告诉孩子生活的乐趣

所有人都知道幸福和喜悦就在身边。虽然有时会羡慕有钱人、名人,但金钱、名利真的代表幸福吗?我对此存疑。

父母都希望孩子幸福地生活,有个性地茁壮成长。即便告诉孩子"幸福不是金钱",但对于孩子来说,那只是一句老套的说辞。

让孩子切身体会到生活的乐趣,不正是父母的职责吗?能做到这一点的只有父母和家人。

和父母一起提高做家务的能力

孩子会反过来培养父母

我曾问过许多妈妈:"你觉得育儿是什么?"得到了各种回答,其中一个是"我自己得到了成长"。

恐怕对于正处于育儿期的妈妈来说,每天都是试练,每天都有发现,每天都能实际体会到自己在大大地改变,感受孩子对自己产生的影响。

育儿是全身心投入的工作。当已经成型的"自己的做法",因为深深关系到孩子的人格而进展得不顺利时,不能就此放弃。积极地想方法应对,自己才能从根本上改变。

育儿真的可以说是能够重启自己的宝贵时期。

和孩子一起学习做家务

包括我自己在内,现在作为父母的这辈人在小时候都不太做家务。

我小时候正值二十世纪七八十年代,家里开始出现许多便利的家电,那段时期就是"男主外,女主内,孩子负责学习"。妈妈一手承包家务,所以帮忙的机会很少。

这样的我们在成家后要做家务时,就会一筹莫展,不知道怎么做好。即便知道在娘家是怎么做的,但身体记不住,而且当时的做法也不一定符合现在的时代。

把让孩子帮忙做家务看作重新审视自己家务做法的机会吧。

之前一直觉得某种做法做起来很容易,但此前的做法真的正确吗?以此为契机,重新审视做家务的顺序和工具吧,自己也会变得更擅长做家务,做起来也会更加轻松快乐。说不定会因此喜欢上曾经觉得苦累的家务呢。

家务只有父母能教

周身事物都在家

前面提到过孩子要想独当一面,必须掌握三点:能够处理好身边的事情,拥有自食其力的能力,知道如何构建良好的人际关系。每一点的基础都源自于家庭。家不仅是孩子从出生起到现在度过时间最长的地方,也是与最亲近的人构建最初人际关系的场所。

也有说法认为家庭是最小的社会共同体,是一个人所属的第一个、最亲密、最小的共同体。

人在家庭里学会语言,学会用语言和他人交流想法(言语沟通)。记住每天身体的行动,记住作为一个社会人应有的行为举止。也会明白某个动作、表情代表的意思(非言语沟通)。家庭的必要性和重要性,就在于作为这样的

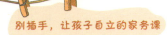

共同体所发挥的作用。

在列举出的独当一面的三个条件中，每个都是需要在家庭中培养的，特别是处理好身边的事情，只有在家庭中才能教会孩子。

让孩子"掌握"做家务

工作能力，可以在学校通过学习掌握，或者去培训班学习，在其他地方也能培养。处理人际关系的能力，在幼儿园、学校、培训班等各种地方都能锻炼，也可以通过与亲戚、双亲的朋友、公共场所的其他大人和伙伴等人的相处得到学习。但是，处理好身边的事情，却只能在生活中才能体验。

当然，学校有家政课，也可以在料理教室学习，但那是学习技巧和知识的地方。

掌握了技巧并不能代表在生活中就会做了。只有在日常生活中身体力行地实践那些技巧，才能说是"掌握了"。

所有事情都一样，"知道"和"掌握"是不同的程度。

我会告诉孩子"想做就认为能做到"和"经常做"是不一样的。

能够让孩子掌握做家务的人,只有一直陪伴在孩子身边、在家里和他们一起做家务的父母。

因为是父母,所以能够执着

掌握某项技能是需要花费时间的,所有人都明白这一点。

无论是弹钢琴还是踢足球,要掌握一门技能就需要大量的练习。相应地,一旦掌握了,就不会轻易忘记。

我时常惊讶于自己在开车的时候,即使什么都不想,也能自然而然地行使在熟悉的路线上。明明决定"今天不去常去的那家超市,去另外一家",却还是不经意间停在了常去的超市门口。

明明自己切身经历过,也深有体会,但对孩子为什么就那么急躁呢?

因为现在的自己能够轻松做到,而如果在教过一遍后,孩子还是不会,就会感到生气:"为什么做不到呢?"那时请劝自己:"我是孩子的父母,所以我能耐心地教。"如果是别人,在教过一次后,会因为觉得"对这个孩子来说太难了"而放弃,但父母却会耐心地教,直到孩子真正掌握。

耐心、执着是父母的特权。即便被说"好啰唆啊"，但如果想让孩子掌握，就要不厌其烦地说，让孩子坚持去做。

孩子失败、不顺利是理所当然的。不要生气，不要放弃，要耐心教导。

如何巧妙地叫孩子帮忙

在一旁默默守护孩子成长的过程中,有时会感叹孩子长得快,"已经这么大了";有时又会感叹孩子长得慢,"怎么还是这样"。

不同孩子的成长节奏是不同的。即使是同龄的孩子,有些事情有的孩子能够做到,而有的孩子却做不到。不仅如此,"这次做得好,下次却做得很糟"的情况也不少。

孩子的成长就是这样,长得快慢和完成得好坏没有太大关系。但父母却很在意这一点。在哪个年龄段适合做什么家务,父母可以参考如下标准。

1~3岁

这个阶段可以把让孩子帮忙做家务当作一种游戏。"扔掉垃圾""把喝完奶的杯子放到厨房""顺便把爸爸的杯子也拿过去",可以具体告诉孩子应该如何做。

请父母耐心地、慢慢地演示给孩子看。孩子只要认真地观察顺序，大体上就可以记住。下一次看着孩子做时不要插手。即使有点危险也不要担心，一般都没什么问题。如果插手，孩子就会失去干劲。

3~6岁

这个阶段孩子的帮忙欲望会比较旺盛。父母有空时可以和孩子多交流，忙的时候也可以推迟到下次。事情哪怕很小也没关系，请赋予孩子做家务的职责。即便可以做的事情很少，只要是能帮到妈妈（如把买回来的食品放进冰箱，拔掉浴缸的塞子等），孩子就会很开心，觉得"自己帮到忙了"。

这个阶段也尽量慢慢地、简单易懂地演示给孩子看。如果孩子中途打断说"明白了，我会做"，就要教导孩子："看妈妈做到最后。"

刚开始做得不完美是理所当然的。但是，在多次尝试的过程中马上抓住诀窍也是孩子强大能力的体现。

6~10 岁

这是帮忙做家务的传授训练阶段。6 岁之前的孩子还只能零零散散地做一些家务,到了这个时期,父母就可以把家务稍微集中一下,全部交给孩子做。比如淘米煮饭、打扫浴室等。

父母不要以守护的名义在一旁监视,吩咐完后就当场离开,去做自己的工作。等孩子说"做完了"的时候,再仔细地去查看。找出做得好的地方夸奖他,务必告诉孩子的是:"这里,这样做会更好。"

在这个阶段,家人要分配好职责、制订好规则,让孩子自然地想到"这时候,我要做这个家务"。当然,处于这个年龄段的孩子,很多时候父母不提醒就会忘记去做某件事。但是父母还是要耐心地提醒,不能因为"自己做会更快"而替代孩子做。

10 岁直到独立

这是把帮忙做家务当作生活技能让孩子熟练掌握的阶段。即便失败,即便不情愿做,也要让孩子在生活中反复

地活动双手和身体,这样孩子才能在将来独立时,自然地经营自己的生活。

现在日本很多孩子到了小学五六年级就不再帮忙做家务了。因为学业繁重,也因为处于青春期,不再听父母的话。

但是,随着身体的成熟、思维能力的增强,作为家庭一员应尽的职责以及实际能做到的事情是越来越多的,这是必然的。

"忙,做不到"只是借口。打扫浴室只需5分钟,洗碗只需10分钟。这点时间还是能空出来的。

如何让孩子充满干劲

如何让孩子涌起干劲,养成帮忙的习惯呢?办法只有一个,那就是父母把孩子当成一个劳动力。

家里的工作很琐碎,好多事情必须同时做。父母要聪明起来,觉得"忙""困扰"时,就借助孩子的力量吧。

让孩子收拾自己的空间

会收拾的孩子是万能的

对于父母来说,让孩子独立收拾房间也是帮忙做家务的一部分。

收拾不单单指把房间打扫干净,还有更重要的意义。人的生活和工作离不开各种各样的必需品。擅长和物品打交道的人,工作和生活都能如鱼得水。

为了收拾干净,就必须给物品分类并指定放置位置。这有助于培养孩子的思考和辨别能力。

当然,收拾也能培养细心的品性,看孩子能否在考虑家人情况的基础上处理物品。

和孩子一起打造一个只要行动就能收拾的空间吧!

收拾的三原则

收拾并不难。收拾是把物品"放回原位",不是"把房间弄干净"。

放回原位的原则是"扔掉(只把常用物品放在手边)""定位置(容易放回)""定量(让量维持在称手的程度)"。

掌握这些原则,收拾就会非常轻松,也会变得快乐起来。

在呵斥孩子"去收拾"之前,首先"扔掉"不需要的物品,然后给使用中的物品"定位置""定量"。完成这几步后告诉孩子:"看,恢复成这个状态就可以了。"

许多孩子在被父母呵斥"去收拾"时,都会摸不着头脑。

父母和孩子一起把儿童房整理成容易收拾的状态吧,说不定孩子进而变得擅长收拾整个家呢。

原则 ❶：扔掉

即便是幼儿园的孩子,也能把物品分为"需要"和"不需要"。只不过在分类时需要父母的帮助,从小就要让孩子明白"不用的物品留着也不会爱惜"。

原则 ❷：定位置

不指定好放置位置,就不能收拾干净。如果指定的位置是随便糊弄的地方,那么放回原位反而费事,只有放在合适的地方才能减轻工作量。

首先把儿童房大致分类,如学习区、玩具区、衣服区等。至少分 3~4 类才好把握。

确定好大分类后,再细分若干类。拿玩具来说,可以细分为"纸类玩具""玩偶""积木""其他",这种直观上就能明白的粗略分法是令孩子坚持下去的秘诀。一次行动(甚至一个动作)便能完成拿进拿出。"先打开抽屉,再打开盒子盖儿收纳起来",如果超过两个动作,孩子有可能就会嫌麻烦。

即便偏离了大分类也没关系,"在这里做作业""在那里脱外套",也可以在动作地点附近设置收纳相关物品的位置。

原则 ❸:定量

通过"扔掉"物品可以对现在使用的物品进行"定量"。这个量对孩子来说应该是"正好的量"。

把经常使用的物品放在指定位置。例如,课本放在桌子上的醒目位置;考卷等放抽屉里,快塞满时就处理掉;铅笔只放入笔筒里。这样就可以一目了然看到物品的数量,确定是该整理、丢弃,还是该添加、补充。

比起用数来把握,用量把握更容易令孩子明白。

第一章
帮忙做家务可以锻炼孩子的各种能力

讲义、图书等资料超过一定的量就扔掉。

根据孩子的成长改变

和大人不同,孩子随着成长,使用的物品很快就会变化。

随着年级的上升,课本、参考书、补习班的卷子会不断增加。玩具也会改变,房间里会出现突然流行起来的玩具。随着兴趣爱好的变化也是,比如开始学习足球后,房间里就会出现大量的足球用品。

孩子的房间可以一年重新整理一次，选在三四月比较好。但是父母不要擅自改动，要让孩子自己思考，自己想如何改变，如何放置才能更易于使用。

教孩子收拾物品

孩子在收拾自己的空间时，如果只把拿出来的物品放回原位，还算不上真正地完成了收拾。

父母要告诉孩子，如果拿回来的衣服掉在地板上，要自己捡起来放进洗衣篮。如果夏天的游泳袋到了冬天还挂在衣钩上，不要对妈妈发脾气"妈妈，这个很碍事"，而是要自己收拾到夏季物品的收纳箱里。

和孩子商量制定洗衣服的规则，如把要洗的衣物放进洗衣篮，没有拿进洗衣篮的衣物妈妈是不会洗的（即使是在周日的晚上察觉没洗）等，规则定好就要坚持实行。

朋友来玩后也一样。一直批评孩子"每次朋友来之后，房间都变得乱糟糟的"会很累人，教孩子学会收拾吧。可以在朋友离开之前让大家一起收拾，妈妈也要和小朋友们打好招呼。但是，不要帮孩子收拾。

如果孩子房间的垃圾桶满了，也要让孩子自己收拾。

只要教孩子，孩子就能做好。

第一章
帮忙做家务可以锻炼孩子的各种能力

妈妈跟小朋友们打好招呼，告诉大家玩过的玩具要一起收拾。

把想洗的衣物放进洗衣篮，也算是收拾。

> 专栏

家务劳动和家庭中的
每个人息息相关

我改编了在家务培训班使用过的表格,做出以下填写单。父母要在一旁引导,和孩子亲切交流,直到孩子知道该如何表达并找到想做的事情。

内容 1　你觉得帮忙是什么?

全家人一起来寻找帮忙做家务的好处吧,就像玩游戏一样。即便头脑里明白,但转换成语言后会更明确"原来我是这么想的"。父母也会惊讶于孩子写出了深奥的话语。

准备物品

贴纸(2种颜色)、铅笔、附表(可以复印使用第

```
帮忙做家务的好处
❶ [                                    ]

但在日常生活中
❷ [                                    ]
```

234页的家务劳动清单）

① "帮忙做家务的好处"

孩子在贴纸上写出"帮忙"的好处，大人写出"做家务"的好处。1张贴纸写1个好处。看看谁写得最多呢？

写完后，互相说明写出的内容。

都说明完后，选出自己觉得最好的一个，选别人写的也可以，填入家务劳动清单里的①。

② "但在日常生活中……"

和①一样，只不过要写在另一种颜色的贴纸上。写出"虽然有很多好处，但在每天的生活中很讨厌的一点"。

听完大家的讲解后，选出最认可的写入家务劳动清单里的②。

内容 2 决定大家的分工

制作分工表。分配好任务后，大家也容易投入。除了自己负责的工作，也要做自己注意到的以及必做事项。

准备物品

铅笔、附表（可以复印使用235页的家务劳动计划表）

● 全家人的职责

孩子的职责就由孩子自己思考吧。周几要做什么,能做什么,不能做什么。在家里的工作中,自己能做什么,想做什么。自己做出的约定一般会自觉遵守。

● 爸爸的职责

除了孩子,父母也填入自己的职责吧。如果爸爸能够参与进来,孩子会切身感受到家务劳动和每个人都息息相关。

● 调整修改

一个月左右就重新修改吧。如果任务量过多而无法实行,就减量吧。比起偶尔做许多,能长久地坚持完成1项工作更值得夸赞。

姓名	周一	周二	周三
妈妈	做饭 洗衣服 打扫		
爸爸			
孩子	倒垃圾		
××		打扫	

Chapter 02 第二章

帮忙做家务可以培养孩子的自立心

收拾　　打扫　　洗衣服　　就餐准备　　做饭

在每天方便全家人衣、食、住的家务里，凝聚着可以培养孩子各种能力的要素。这些家务都是成年后必备的生活技能。没有必要现在就让孩子一次性全部掌握，首先和孩子一起尝试着做，从他感兴趣的家务开始吧。

用眼睛观察每天都会进行的家务劳动

父母每天都会做许多家务。一个人做或许更轻松,但这是教会孩子帮忙的绝佳机会。

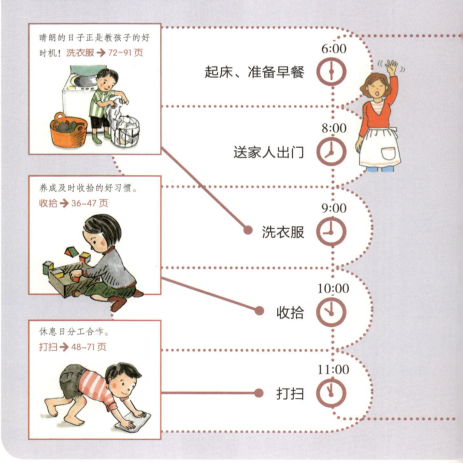

晴朗的日子正是教孩子的好时机!洗衣服 ➜ 72~91 页

养成及时收拾的好习惯。
收拾 ➜ 36~47 页

休息日分工合作。
打扫 ➜ 48~71 页

6:00 起床、准备早餐

8:00 送家人出门

9:00 洗衣服

10:00 收拾

11:00 打扫

第二章
帮忙做家务可以培养孩子的自立心

23:00 就寝

19:00 晚餐
饭后收拾

18:00 准备晚餐

在考虑到家人身体情况的基础上做饭吧。
就餐准备、做饭 ➔ 92~127页

16:00 购买晚餐食材

12:00 午餐

关心生活

家务劳动是做饭、收拾房间等各种工作的总称。

要做的工作一个接一个,全部都完成真的很辛苦。一个做完了,还有下一个在等着。没完没了,也没有报酬。你是不是也这样认为呢?

我们可以改变一下看法。

家,这个自己和家人的栖息地,自己一直在用双手改变它、爱护它。房间脏了就打扫,东西乱了就收拾起来,让家人待得舒适;衣服脏了就洗,晒干的衣物立即折叠收纳,让家人可以一直穿着整洁的衣服;做美味的饭菜,将用过的盘子洗好方便下次就餐使用,整理厨房,让家人充满活力。

这才是家务。

生活在运转

没错,生活在运转。家人每天都在充满活力地工作、学习、游玩、活动。因为生活需要运转,所以我们必须用双手推动它,只有这样,家人才能更有活力,亲情才能更加深厚。

父母要把孩子的帮忙当作助推生活正常运转的一种方式。即便妈妈一个人就能把生活打理得井井有条，但也请让孩子作为家庭的一员，贡献自己的一份力量吧。在帮忙做家务的过程中，孩子体会到的充实感会让他更加茁壮地成长。

收　拾

收拾客厅

让孩子时刻想着如何让家人在家里的时光过得舒服，可以培养他在任何地方都能思考周全、替他人着想的人际交往能力。

妈妈吩咐后才收拾自己拿出的物品。

即使妈妈不说，也会在用过之后收拾自己拿出的物品。

看见家人用过的物品就收拾起来。

初级　中级　高级

👍 客厅是孩子爱待的地方

孩子从出生到青春期,在家的大部分时间都会待在客厅。也有很多家庭会在客厅设置儿童空间。

所以客厅里往往散落着孩子的物品。

孩子只需收拾好自己的物品,就可以锻炼两项能力——"自己的事情自己做"和"为了家人而工作"。

这样做的目的是让孩子养成"拿出来,放回去"的习惯。可以参考第21~27页的做法,把儿童空间变成孩子也容易收拾的地方。

把客厅简单明了地划分为不同区域,比如"孩子的儿童区""成人的工作区"等。

✌️ 教会孩子"拿出来,放回去"

东西用过后能立马放回原处,就达到要求了。为此可以做如下尝试:

① 晚上把客厅收拾干净,家人各自负责自己拿出的物品。

② 孩子想要玩其他游戏时,抓住时机告诉他:"桌子都摆满了,把用完的物品收拾起来。"

有的家庭儿童房离客厅比较远,孩子会不断地从房间拿出玩具、学习用具,然后就搁置不管了。如果儿童房在其他楼层,每次放回原位也很费事。

考虑到孩子日常玩耍的需求,建议在客厅设置儿童区,晚上收拾好直接放在客厅的儿童区就好。

一并收拾家人的物品

收拾自己物品的同时会一并收拾家人的物品,能做到这样就更棒了。"帮爸爸妈妈一起收拾,真是帮了大忙了",父母要将谢意转化成语言传达给孩子,这样孩子就会更有动力做下去。

第二章
帮忙做家务可以培养孩子的自立心

客厅是属于每个家人的公共场所

用过的物品不能搁置不管,要放回原位。看见家人用过的物品,也要一并收拾起来。

😟 孩子不配合的时候……

"客厅是让大家放松的公共场所,收拾干净了大家才会感到舒服。"

- 告诉孩子通过他的整理,家人的心情都变好了。

小要点

- [ ] 用完的物品是否搁置不管了?
- [ ] 除了自己的物品,是否连同家人的也一并收拾了?

收拾玄关

玄关是家的第一门面。收拾玄关让我们重新思考他人对自己的看法,而关注他人的看法是在社会中生存的必备能力。

👍 玄关是一家的颜面

在玄关脱鞋并摆放整齐,并不像表面上看起来那么简单,不是说"之后再好好收拾就行"。

玄关关乎着家庭的颜面,能否经常保持玄关的整洁也关乎着所谓的社会生存性。

家人在进出家门时心情是否舒畅,有客人来时是否会令你感到害臊,都与玄关的整洁度有重要关系。

孩子再小,也是家庭的一员。从小就让孩子帮忙收拾"自己的家",可以培养他作为家庭一员的自觉性。

✌ 首先从摆好自己的鞋子开始做起

在孩子还需要和妈妈一起进出家门的时候,就培养他认真摆放鞋子的习惯吧。

孩子进家门时大抵都很急切,"想看电视""想吃零食",即便孩子很匆忙,一旦发现他脱下鞋后就不管了,就要批评孩子,对他说"请摆好",让孩子自己摆放整齐。

顺便让孩子观察一下周围,引导他,把哥哥的鞋子也一起摆好,将垃圾顺便捡起来丢掉等。

有的孩子可能会反问:"为什么哥哥的鞋子让我

摆呢？"

"玄关是属于大家的，谁看见了就去做不好吗？"

"之前哥哥（妈妈、爸爸……）就给你摆鞋子了呢。"

此时可以告诉孩子，公共场所属于大家，大家互相关照就能经常保持整洁。

教孩子脱鞋的方法

你是否教过孩子脱鞋的方法呢？

可以背对着家门脱鞋，然后稍微斜倚在门框上（门框是日式房间入口处的横框），拿着脚后跟旋转将鞋摆放整齐。

也可以面朝家门，脱掉鞋子后对齐。两种做法都可以。

第二章
帮忙做家务可以培养孩子的自立心

脱掉鞋子后立即摆放整齐

刚脱下来的鞋子有些潮湿,不要立刻放进鞋柜,暂时在鞋柜旁放置一段时间。

😟 孩子不配合的时候……

"妈妈看见之后帮你摆齐了,下次要改正。"

- 妈妈是不是在批评完孩子后还是帮忙把鞋子摆好了?即便孩子已经去客厅或者回房间了,也要把他叫到玄关,让他自己把鞋子摆齐。

小要点

- ☐ 是否把鞋子放在了不妨碍出行的地方?
- ☐ 是否帮家人一起把鞋子摆放整齐了?

043

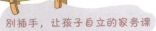

收拾用过的空间

能否替之后使用的人考虑，考验的是预测未来的能力，以及和他人共鸣的能力。

👍 家庭共用区

厕所、盥洗室、浴室等共用区,是家人每天都会多次使用并且容易脏的地方。所以,每个人在使用完后,只要稍微整理一下,就无须经常进行大扫除。

有的父母也许会想,这些地方很脏,让小孩子来收拾有些太早了。但是,处理自己周身的事物不存在"过早"一说。如果孩子因此觉得自己不用做脏的工作,其他人来做就行,可就麻烦了。

等孩子会自己洗手、上厕所后,就要告诉孩子,每个人做善后清理是理所当然的。

✌ 用完后查看

养成"用完后重新查看"的习惯,就能在生活中做到整洁利索。不过,如果只是笼统地说"用完后请收拾干净",孩子会有些摸不着头脑,所以父母的指导要具体。

◆ 厕所

如果孩子还需要妈妈帮忙擦屁股,妈妈可以指着黏在马桶上的大便污渍、溅在周围的小便教给孩子:"把这里擦干净。"如果孩子上了小学,妈妈在看见厕所的

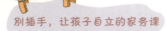

污渍后，可以把孩子叫过来，告诉他怎样做。详细步骤见第 64~67 页。

◆ 盥洗室

飞溅出来的肥皂沫，清洗污垢溅出的水渍，梳头发时掉落的头发……

孩子通常不会当场去查看这些污垢，所以需要妈妈在孩子用完盥洗室后进入里面，如果看见这些污渍，就提醒孩子。

把孩子叫到盥洗室，告诉孩子具体怎么做，比如，头发掉在上面了，请捡起来丢掉等。还要告诉孩子，用完后要查看一下。

◆ 浴室

走出浴室之前要查看泡沫有没有飞溅出来，排水口有没有毛发等污垢，浴缸里是否漂浮着毛发。详细步骤见第 68~71 页。

用完后这样收拾

盥洗室
擦拭飞溅的水渍，捡起掉落的毛发并丢掉。

厕所
擦干净沾染在马桶、地板上的污渍。

浴室
把用完的物品放回原位，捡起掉在浴缸、地板上的毛发，清理泡沫。

孩子不配合的时候……

"想一想后面使用的人会是什么样的心情呢？"

- 告诉孩子要经常换位思考，后面的人使用时会做何感想。

小要点

- ☐ 污渍完全去除干净了吗（是否半途而废）？
- ☐ 有没有更换用完的物品、整理脏的用品？

打 扫

使用抹布

为了能用力拧干抹布、轻松地擦拭,孩子要学会利用腰部控制身体动作。

正确地拧抹布。

将抹布拧干。

擦拭无残留,可以轻松地使用抹布。

初级　中级　高级

👍 使用抹布亦是锻炼身体

平时不经常使用抹布的孩子有以下特点：

① 拧抹布时，双手无法均匀施力。
② 即便用力了，也作用不到抹布上。
③ 用抹布擦拭物品表面时很费力。
④ 用抹布擦走廊时，身体左右摇晃，总往一边倒。

爱运动的孩子，即使平时不常用抹布，一用起来就惊人般地擅长。

虽然只是用一下抹布，但直接体现出了孩子的身体素质。使用抹布可以说是让身体保持灵活的训练。

创造使用抹布的机会

经常使用拖布的家庭也趁此机会使用抹布吧。

抹布是擦拭少量污渍的轻便工具。

地板、家具上积攒的灰尘，橱柜的门扇部分等，好多地方都能用抹布擦干净。

拧抹布时要竖着拿抹布，手腕向内侧转动，不只手要用力，还要用腰部控制全身的力量。如此一来，只需少量

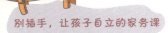

力气就能拧干。

告诉孩子擦拭地板或餐桌时,不要只用手腕,要利用腰部活动全身去擦拭。慢慢地大幅移动,也就无污渍残留了。

 好用的抹布

工具有大小和重量之分。我觉得极薄的毛巾(如温泉毛巾等)更好用,可以根据孩子手的大小把毛巾折叠成相应的大小。

大人也可以使用同样的毛巾,改变一下折叠方法即可。

第二章
帮忙做家务可以培养孩子的自立心

竖着拿抹布，双手握紧。 　　双手手腕向内侧转动，用力拧。 　　下面的手松开重新握住，再用力拧一次。

如何正确拧抹布

使用时把抹布折叠，大小以双手正好能放在上面为宜。

孩子不配合的时候……

"会拧抹布的人很有魅力哦！"

- 如果孩子吵闹说会拧抹布没意义，请传递给他这样的价值观。

小要点

- ☐ 是否完全拧干了抹布里的水分？
- ☐ 角落也擦拭干净了吗？

051

用掸子掸灰

当孩子注意到有灰尘时,如果有一个可以立即拿到手的掸子,可以锻炼孩子的行动力。

父母在打扫时帮忙掸灰。

给有灰尘的地方掸灰。

按照自上而下的顺序使用掸子、吸尘器、笤帚等。

初级　中级　高级

第二章
帮忙做家务可以培养孩子的自立心

👍 让孩子学着掸灰

现代家庭常用木地板，家具也使用天然材料，结构简单。比起使用空调，现在的人更喜欢舒适的自然风和阳光，可以说生活方式有点像几十年前的日本。所以，掸子、笤帚（参照第60~63页）等工具反而成了现代家庭的常用工具。

在以前，要把灰尘弄干净，不单单是靠大人的扫除，还需要孩子的帮忙。掸灰很适合孩子做，因为既轻松又有趣。

灯罩、电视柜、相框的陈列架，这些地方不仅打扫起来很费力，也容易积攒灰尘。但是如果使用掸子，两三天打扫一次，就能轻松除尘。经常打扫，灰尘便不会大量堆积。

✌ "吧嗒吧嗒"富有节奏地进行

第一次拿掸子的孩子通常会横着用，要告诉孩子把掸子立起来抓住，吧嗒吧嗒地上下移动掸子头，富有节奏地挥动。

和筷子一样，只拿一端即可，灯罩、墙面、电视机表面、窗帘盒等，地板上方的任何地方都能用掸子打扫。

教会孩子自上而下的大原则

做事情要符合逻辑。人在使用工具时,一些能让事情正常进行的原则也会自然出现。

在家务劳动中,有着"自上而下"的大原则。即使灰尘漫天飞舞,也是从上往下落。所以,房间要按照从天花板到地板的顺序打扫。

用掸子掸灰时,把这个原则告诉孩子。父母教出来的方法会成为孩子一生受用的生存智慧。

此外,在开始打扫之前,要先打开窗户。一边通风换气,一边打扫,如果不告诉孩子,他就不会注意到。打开窗户,灰尘就会跑向外面。

用掸子轻松掸灰

大力摇摆掸子去除灰尘,以吧嗒吧嗒作响为标准。

😟 孩子不配合的时候……

"吧嗒吧嗒地发出声音,用力摇摆,灰尘才会落下来。"

- 只是轻轻摇晃,是弄不掉灰尘的。必须使用手腕大力摇摆。

小要点

☐ 掸子碰到有灰尘的物品表面了吗?

☐ 是否自上而下地掸灰?

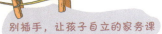

使用吸尘器

以什么顺序使用吸尘器呢?这能锻炼孩子思考做事步骤的能力。

在容易吸尘的地方用吸尘器。 —— 初级

把父母吩咐的地方打扫干净。 —— 中级

会把吸尘器收拾起来,也会倒垃圾。 —— 高级

👍 分步骤打扫

当你打算使用吸尘器时，发现地板上散落着物品，如此一来就没办法顺利进行了。如果从中间开始，不知道该往哪儿前进，到哪儿结束。

使用吸尘器之前需要我们思考好步骤，以什么顺序进行，从哪开始更方便。

如果想让孩子能够有序地打扫自己的房间，从小就让孩子使用吸尘器吧。

确认是否吸干净

很多幼儿期的孩子都会对吸尘器感兴趣。但是，吸尘器的手柄和软管都很长，所以对小孩子来说，操作起来很费劲。妈妈在使用时，可以先让孩子试着做一下。"来试着吸这个地毯"等，教孩子从小范围开始尝试。

当孩子把点心屑掉在地上，或者鞋底带进沙子时，可以告诉孩子："把这里用吸尘器吸干净。"

等孩子上了小学，可以教他具体的操作方法。

① 扔掉地板上的垃圾。
② 把地板上散落的物品收拾起来。

③ 从房间的一角开始吸（每个家庭有每个家庭的做法，按自家的做法进行即可）。

④ 不能只前后移动吸头，要把垃圾吸干净。

⑤ 打扫方方正正的房间时，边边角角都要认真打扫。

等孩子熟练掌握后，把吸尘器拿进拿出的工作也交给孩子做吧。可以选择比较轻便的吸尘器。

要让处于青春期的孩子打扫房间

青春期的孩子喜欢待在自己房间。如果这个时期父母还帮孩子打扫房间，就可能影响孩子的自立问题了。我甚至认为"打扫是权利"。孩子到了12岁，父母就可以放心地交给孩子来完成打扫房间的任务了。

用吸尘器打扫房间的边边角角

用吸尘器的吸头充分吸到房间的各个角落和家具下面。尽量不要碰触墙壁和家具,以免有所损坏。

😟 孩子不配合的时候……

"用吸尘器打扫妈妈收拾过的地方。"

- 有的孩子因为讨厌收拾而讨厌吸尘器。巧妙地把家务做个分工吧。

小要点

- ☐ 是否忘记吸角落和家具下面了?
- ☐ 玄关、楼梯、厕所等地方也吸了吗?

使用笤帚和簸箕

用笤帚把灰尘扫到一起,需要的是短时间内集中注意力的能力。

👍 孩子也能使用笤帚

像前面提到的掸子,传统工具反而在现代应该得以重用,因为比起很重的家用电器,它们对孩子来说更轻便,更容易操作。

在孩子的童年时期,家务活动可以调节他的身体运动机能和神经系统。而笤帚和掸子等工具充分调动了手和身体,并使之协调配合,所以多多让孩子使用这些工具吧。

和打扫院子一样,房间内的小扫除也试着用笤帚完成吧。

✌ 由孩子负责打扫玄关

每天打扫玄关是很难做到的,但是在周末,或者明显很脏乱时,就让孩子来打扫吧。

在打扫时,笤帚前端不要上扬,要压住灰尘并扫成一堆儿。扫入簸箕时,把簸箕一点点向后挪,直到最后完全扫净。

打扫玄关时,告诉孩子先打开玄关门,一边换气一边向外扫。在打扫家门口时,把邻居门前 1~2 米内的地方也打扫干净是邻里友好相处的礼仪。

为榻榻米房间准备专用笤帚

孩子会把零食掉满地,还会把沙子和泥土带进家,甚至有不知缘由的碎纸屑。使用榻榻米专用笤帚可以轻松处理这些灰尘。

如果告诉孩子弄脏要自己收拾,孩子也许会因为讨厌打扫,而在吃东西时尽量不掉渣,拍掉沙子再进门,甚至会因此养成良好的习惯。

第二章
帮忙做家务可以培养孩子的自立心

孩子也能轻松使用笤帚和簸箕

笤帚不上扬,以免垃圾四散。

簸箕一点点后移,把垃圾全部扫入簸箕内。

😟 孩子不配合的时候……

"压着垃圾往簸箕里扫。"

- 孩子扫着扫着容易往上扬,要稍微向下压一压。

小要点

☐ 有没有卷起灰尘?

☐ 有没有粗暴地使用笤帚?

063

打扫厕所

面对大家都不太愿意打扫的地方,打扫一下会很有充实感。挑战自己不情愿做的事情可以丰富人生,令人变得快乐。

👍 打扫厕所是习惯问题

即便是父母,也很少有人喜欢打扫厕所吧。孩子刚开始也会说"好恶心"。

但是,如前文所讲,只要每次用过的人都处理干净,家人共同使用的区域就能保持清洁。

能够处理自己弄出来的污渍是一个有教养的行为,能够考虑到家人使用时的心情就更优秀了。

现在的厕所和以往不同,不臭,很整洁。即便交给孩子打扫,也不会像以前那样担心孩子掉下去。

第一次觉得"恶心",第二次排斥感就会减轻,第三次就习惯了,说不定还能够麻利地完成。

让孩子从小养成习惯就好。

✌ 打扫马桶的顺序

刚开始,可以只让孩子擦拭自己弄出的污渍,但习惯后,要教孩子如何打扫整个马桶。

在大扫除时,让孩子打扫厕所,也不失为一个好方法,"因为是大扫除,所以厕所就交给你了。"

打扫厕所的原则也是"自上而下",但有的家庭也会

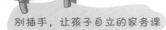

先从马桶开始打扫，做法不一。请充分给孩子展示自家的做法。

我觉得，也可以不使用抹布，一次性的无纺布用起来就很方便。清洁剂药性会比较强，要给孩子戴上塑料手套。

打扫步骤如下：

① 打扫马桶里面。告诉孩子存水的边缘会有污渍。

② 擦拭马桶。前面容易脏，里里外外都要擦，还有容易积攒污渍的凹槽处等都要充分擦拭。

③ 擦拭马桶周围的地板。如果家里有男性，这里特别容易脏。也告诉男孩子平时使用完马桶的打扫方法。

④ 包括水箱在内，擦拭整个马桶。

第二章
帮忙做家务可以培养孩子的自立心

把马桶打扫干净会很有成就感

小要点

☐ 马桶边、凹槽处等污渍都弄干净了吗？

☐ 水箱下面等看不见地板的地方也擦干净了吗？

仔细擦拭马桶里面、马桶边、水箱里侧和地板。

使用抹布或无纺布，连很细微的地方也能擦干净。

☹ **孩子不配合的时候……**

"把厕所打扫干净，是不是感觉整个家都变得干净了？"

• 如果孩子因为怕脏而不愿意做，就告诉他正因为脏才更要弄干净。

067

打扫浴室

孩子都喜欢会用到水打扫的家务,也很容易从中发现乐趣。

👍 快乐的浴室打扫活动

打扫浴室是很受孩子欢迎的家务劳动。父母也能放心地交给孩子做。

打扫浴室时,孩子可以玩水,有好闻的肥皂水,有滑溜溜的触感,有漂亮的泡沫。当孩子把一片小地方打扫干净后会获得成就感,之后进入"亮晶晶"的浴室时会有满足感。

通过打扫浴室可以发现很多快乐的事情,能够切身感受到身边处处存在着乐趣。

✌ 作为孩子的职责

父母可以把打扫浴室当作孩子的职责。把这个任务交给孩子之前,要简单易懂地教孩子应该如何做。

◆ 什么时候做

是洗澡后还是洗澡前?如果是洗澡前,要几点之前做完才不会影响到家人呢?

◆ 如何做

如果洗澡前做,就要挽起衣袖,收好衣服下摆,以免弄湿衣服。

打扫浴室的要点：

① 清理浴缸的水垢。

② 清理地面上的水渍。

③ 清理飞溅到墙壁上的泡沫和污渍。

④ 清理缝隙中的霉菌。

如果让孩子做，不要使用危险的强力清洁剂。

将海绵打上肥皂沫就能清除水垢和污渍。建议给孩子准备好海绵。

去除霉菌要用到含氯的去霉剂，所以要提前告诉孩子："发现霉菌要告诉妈妈。"

✋ 告诉孩子防潮对策

要想保持浴室清洁，最重要的是不留潮湿。从这个角度来说，我觉得洗完澡后再打扫浴室比较好。

打扫完后，打开浴室的窗户，或者用换气扇通风，这样能减少霉菌的滋生。

第二章
帮忙做家务可以培养孩子的自立心

打扫浴室是令人快乐的家务劳动

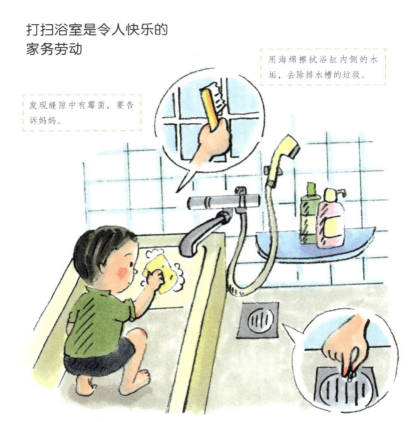

发现缝隙中有霉菌,要告诉妈妈。

用海绵擦拭浴缸内侧的水垢,去除排水槽的垃圾。

😟 孩子不配合的时候……

"自己进去试试,感觉如何?"

- 以不露声色的口吻告诉孩子,自己打扫过的浴室用起来会超级舒适,也要留心有没有没打扫到的地方。

小要点

- ☐ 是否有掉落的头发、摘下来的创可贴等?
- ☐ 洗发水、沐浴露等是否摆整齐了?

洗衣服

机洗

把衣服分为可共洗、不可共洗的类别也需要开动脑筋。按照自己的方式把衣物分开也体现了理解事物的能力。

初级：把妈妈递过来的衣物放入洗衣机。

中级：计量洗涤剂，选择洗涤模式。

高级：自己将洗衣篮里的衣物分类并分别放入洗衣机。

👍 告诉孩子哪些衣物不能共洗

也许孩子认为把所有衣物都放进洗衣机里一起洗就行了。的确,放入脏衣物,倒入洗衣液,按开关,只需这样即可,不需要特别的技术。

不过,请告诉孩子,只要稍微下点功夫,衣物就能像新的一样。

有些衣物不能共洗,有些衣物不能机洗,强水流会损坏部分材质,如果不把这些常识教给孩子,他永远也不会知道。

一般不能共洗的衣物有如下几种

- 一般来说,白色衣物和深色衣物不能共洗。如果深色衣物完全不掉色,可以一起洗。
- 很脏的衣物和不怎么脏的衣物不能共洗。如果因运动而弄脏的衣物不另外清洗,污渍会转移到其他衣物上。
- 需要手洗模式的羊毛衫等不能和其他衣物共洗。
- 内衣要单独洗,告诉孩子自家的规则。

而且，洗衣液过多也不易洗净。适量是多少，要演示给孩子看，孩子看一下就能大概了解。这些细节也许会激发孩子对理科知识的好奇心。

里外一致

我很讨厌洗衣服之前将衣服全翻到里侧，晾好后又要全翻到外侧，所以在洗衣服之前，我通常将衣服全部翻到外侧。也有人晾晒的时候会将衣服翻到里侧，以防掉色。

每种方式都有其理由，没有标准答案。把自家衣物放入洗衣机的方式告诉孩子即可。

如果脱下来的衣服一只袖子在里，一只袖子在外，那么放入洗衣机时又要费功夫翻好。所以如果脱的时候把衣服整理好，洗衣服就会轻松一些。

事事多考虑一些，这也是适用于各种场合的原则。

第二章
帮忙做家务可以培养孩子的自立心

洗衣服之前多花一点功夫很有必要

把衣服放入洗衣机之前多花一些功夫,洗涤就会变得轻松。告诉孩子自家的习惯,是把衣服全部翻到里面还是翻到外面等。

 孩子不配合的时候……

"所有衣物一起洗会变成这样!"

- 即使不小心做错了也是一次不错的经历。父母不要因此责骂孩子,要让孩子觉得洗衣服是一件有趣的事。

小要点

- ☐ 是否确认过口袋里还有没有残留着纸巾等物品?
- ☐ 将衣服分为可共洗和不可共洗了吗?

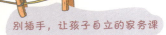

晾衣服

晾干衣物也是一件麻烦事。全部完成需要毅力。

👍 细心晾晒，减轻之后的家务量

洗好的衣物并不是随随便便晾晒即可。

◆ 在哪里晾晒什么

例如，难以晒干的大毛巾要晾在阳台最外侧的晾衣竿上，而容易褪色的衬衫类衣物要放在内侧的晾衣竿上晾干。

告诉孩子衣物要晾晒在适合的地方。

◆ 如何晾晒

要考虑到完全晾干后的情景，以减轻家务量。

衬衫类衣物尽量整理好形状再晾晒。而且，用衣架晾晒时，留出空隙晾晒可以加速晾干，也不必担心染色。

折叠手帕、毛巾后啪啪地拍打，弄平褶皱后再晾晒。丝绒等容易粘毛的材料要用刷子刷毛。

晾晒袜子时，我一般会用夹子夹住袜尖，以防袜口有弹力的部分会拉长，但有的家庭正好和我相反。

"如果这样晾晒，会怎样"，具体告诉孩子，他就容易记住了。

◆ 要提前告诉孩子的小要点

晾衣竿很容易脏。直接挂衬衫、毛巾时，请告诉孩子要先用抹布麻利地擦拭一下。在阳台上晒棉被时也一样。

而且，把衣物挂在衣架上时，如果从领子处放入衣架，领子就会拉长变形。所以，要将衣架从下摆放进去，尽量不拉伸衣服纤维，整理好形状再晾晒，这样可以延长衣服的使用寿命。

 五感得以享受的工作

晾晒衣物的工作是活用五感的工作，父母和孩子在晾晒时能够共享许多快乐。

走到外面，吹着微风，沐浴着阳光，用手触摸着湿湿的衣物，听着拍打的声音，闻着衣物散发的芳香。每个季节能嗅到的植物香气也应该有所不同，还能体验把脏东西洗干净的爽快感。

"好闻的味道""拍打衣物的声音好好听"等，和孩子一起把自己的感受用语言表达出来吧。

晾晒也有着各种技巧

把洗好的衣物摊平放在手掌上,或者搭在晾衣竿上,啪啪地拍打,抚平褶皱。

从衣服的下摆放入衣架,留出空隙晾晒。

孩子不配合的时候……

"认真晾晒,晾干后就会轻松许多。"

- 晾晒也有麻烦的一面,但根据晾晒方式的不同,之后的任务量以及衣物的耐用性也会发生改变,这样一想,晾晒就变得很有趣。

小要点

- ☐ 是否直接把衣服皱巴巴地晾晒?
- ☐ 有没有整理好形状再晾晒?

收衣服、折叠衣服、收纳衣服

考虑到方便下次着装，要把晾晒好的衣服折叠好，这考验的是为下一步做准备的能力。

初级：把妈妈折叠好的自己的衣物收拾到抽屉里。

中级：折叠自己的衣物并收拾好。

高级：帮家人折叠衣物并收拾好。

👍 收衣服的要点

收衣服做起来比较轻松,但有几个要点。

不要从衣架、夹子上往下硬拉衣服,要用双手把衣架或夹子拿掉,把衣服摘下来。

提前告诉孩子摘下后的衣架和夹子要收拾到哪里。我觉得把衣架、夹子留在晾衣竿上会显得邋遢。

✌️ 折叠收纳

衬衫的折叠方法有两种。如果不是长期收纳,选择下图右侧简单的做法即可。

妈妈要在一旁拿出一件衬衫,和孩子一起按照顺序折叠,孩子就容易明白了。

包括平整的毛巾、床单在内,各家可能都有一套容易收纳的折叠方法。"先这样放进收衣篮里后,再这样折叠",演示给孩子看,孩子就能学会。还要告诉孩子,叠床单时,要捏着角抖动抖动。

如果折叠得很认真,但收纳的时候却乱糟糟的,那么辛苦就白费了。告诉孩子收纳时要考虑下次使用的状况。

如果让孩子自己收拾，他也就不会再问："妈妈，你把我的袜子放哪了？"

✌ 为了帮妈妈

由孩子收拾洗好的衣物，就帮了妈妈的大忙了。当你因外出办事要到傍晚才回来时，你的孩子会去收晾好的衣物吗？当你忙于准备晚饭，你的孩子会去折叠晾好的干净衣物吗？

想必大多数父母都会感叹："不吩咐孩子，他才不会去做！"所以为了让孩子能主动去做，要多引导他去做。

当你某一天发现孩子主动去收衣服了，就请打心底里夸奖他："谢谢你，有心了。"孩子一定会谨记这份喜悦，留心帮忙做其他力所能及的事情。

第二章
帮忙做家务可以培养孩子的自立心

衣物的基本折叠方法

教孩子自家的折叠方法。

收纳进抽屉时,细心地放好。

左右袖子相互折叠。

从衣服中间折叠。

 孩子不配合的时候……

"妈妈叠好后你能进行收纳吗?"

- 不论什么事,一起做总比独自做要轻松。这段时间可以一边聊天一边干活,是交流的好机会。

小要点

☐ 叠整齐了吗?

☐ 是不是胡乱地塞进衣柜了?

熨衣服

父母往往认为熨衣服很容易烫伤，很危险，但实际上只要正确操作，小心一点，幼儿园大班的孩子也能做到。请尊重孩子的挑战力。

👍 几岁能做

对于那些容易引起烫伤、导致受伤等危险的家务劳动，我经常会收到这样的提问："如果孩子想做，可以让孩子做吗？""几岁开始能做呢？"

我觉得，如果这些家务活是因为用法不当而存在烫伤、受伤的风险，更应该从小在父母能从旁指导的时候，就开始积攒经验。

在孩子旁边看着，不要插嘴、插手，如果孩子的手指不小心碰到熨斗，父母要教孩子明确的处理方法。烫伤（受伤）不代表失败，谁都会发生。请告诉孩子，出现烫伤也没关系，迅速处理好伤口即可。

首先走到水龙头处用流水冲洗。如果父母能够镇静下来，行动不慌乱，孩子也不会陷入恐慌。

✌ 熨衣服是双手作业

右手（惯用手）拿熨斗。那左手空着吗？

其实不然，熨衣服的过程中，能够充分活动的实际上是左手。右手只需移动熨斗即可。左手要一边弄平褶皱，一边整理形状，还要一点点地把衣服拉向右手前方。

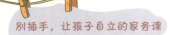

如果用语言难以表述清楚,可以用手帕做简单的示范,孩子一看就能明白。

烫伤的处理方法

教孩子熨衣服的同时,也要把烫伤的处理方法告诉孩子(大范围烫伤的处理方法见第 126 页)。

- 把烫到的地方在自来水下用流水冲 5 分钟以上。
- 离开水后也不疼了就不需要再冷却了。
- 如果起了水泡,不要弄破(这样恢复得快)。如果水泡破了,不要扯水泡表皮,保护创面。

在孩子可以熟练使用熨斗之前(三四年级之前),尽量不要让很小的孩子用蒸汽熨斗。因为孩子难以注意到蒸汽,而且蒸汽温度很高。

第二章
帮忙做家务可以培养孩子的自立心

父母在旁边看着孩子做，孩子就可以顺利完成

压着布、弄平褶皱，这些都是左手负责。父母在一旁指导孩子吧。

😟 孩子不配合的时候……

"左手拉平看看。"

- 孩子只会用右手熨，如果衣服还是皱巴巴的，就实际演示给孩子看左手如何辅助。

小要点

- ☐ 褶皱没弄平就直接开始熨了吗？
- ☐ 有没有整理好形状后再熨？

手　洗

如果不用父母帮忙，孩子自己就能够处理、清洗小件的随身衣物，便可以实际感受到"我自己能够做到"的成就感，相信自己可以自立。

👍 处理自己弄出的污渍

不能机洗的鞋子，沾有小片食物油渍、血渍的衣服等，都要尽量手洗。

在学校弄上污渍又没有及时清理，回到家后即便想洗，有时也洗不干净了。即使是在家沾上污渍，也不必整个清洗，只清洗脏的部分也能减轻妈妈的负担。

◆ 揪着洗

告诉孩子沾上污渍就要立即清洗。

如果是水性污渍（酱油、血液、泥水、水性颜料等），用水就能当场洗掉。而油性污渍（番茄酱、沙司等），就要将脏的部分打上洗手的肥皂。

双手拿着污渍两端相互揉搓，一点点地洗，这样就能洗干净。告诉孩子要控制力道，以免衣服纤维受损。

◆ 鞋子的清洗

准备好方便孩子使用的鞋刷，要在外面的水池清洗，或者用水桶在外面清洗。如果不能在外面清洗，可以选择在浴室的排水口附近清洗。

先用水润湿鞋子，再抹上洗涤剂（鞋子专用、普通洗衣液皆可）细细揉搓，大部分污渍都能洗掉。告诉孩子不要忘记擦洗鞋子内侧，特别是脚尖部分。

洗完后把报纸揉成团塞进鞋里吸收水分，放在通风向阳处晾干。

污渍和自立

比自己会机洗更接近自立、自律的难道不是手洗污渍吗？可以处理自己弄出来的污渍，不需要他人帮忙，这也是有自尊的一种表现。最容易理解的就是青春期的内裤清洗。

女孩子和男孩子都不想让妈妈看见内裤上的污渍。可以和洗内裤一样清洗其他衣物，对妈妈也就不会感到内疚了。

告诉孩子手洗也能让衣物变得干净

充分擦洗鞋子的内侧和鞋尖。

沾到污渍时立刻清洗就能洗干净。

😟 孩子不配合的时候……

"只需把污渍变浅,就能大大地便于后续的清洗。"

· 即便当时只是把污渍变浅,后续的清洗工作量也会因此减轻。

小要点

☐ 污渍部分充分洗干净了吗?

☐ 污渍沾到其他地方了吗?

就餐准备

摆好碗筷

一边摆放家人的碗筷,一边为家人考虑,以此培养孩子体贴家人的能力。

摆放家人的筷子。 → 饭碗、汤碗、筷子摆放得当。 → 根据当日的菜单摆好相应的餐具。

初级 → 中级 → 高级

👍 餐具亦是家人

据说使用筷子可以培养手指的灵活性。同时,作为"我的筷子",是专属于个人的物品。

孩子摆放家人的餐具时,会想"今天爸爸回家晚,可以先不摆筷子""今天和住在二楼的奶奶一起吃,所以必须摆筷子",让孩子学会考虑到每一位家人。

饭碗、汤碗等,大多数家庭每个人都有各自专用的一套。所以整理餐桌亦是一项体贴家人的工作。

✌ 教孩子配膳

到了五六年级,可以教孩子学习配膳的方法。"就算不教他也没事,总有一天会记住"的想法不可取,在每日的餐桌上,尽量让孩子自然地掌握正确的配膳吧。

和食的基本菜式是一菜一汤。饭在左,汤在右。拿筷子的一侧是右侧,菜在饭和汤的前侧。能按照这个原则做就足够了。而且,筷子也并不是要一直用右手拿着,也可以左手拿一会儿,然后再换到右手上。正确的餐具拿法孩子也只有在家里才能掌握。

吃西餐时,需把主菜放在正中间,左边放饭或者面包,知道这个原则即可。如果家里做的是汉堡牛肉饼加饭和酱汤，可以把汤碗放在对侧，便于吃主菜。

配膳前的应做事项

拜托孩子帮忙做就餐准备时，并不单单指摆放好餐具。

如果餐桌上出现玩具、快递等多余物品，要收拾起来。在摆放餐具之前，还要用擦桌布擦拭桌面。即便看上去没有脏污，但擦一下会让就餐者的心情更好。毕竟大家都喜欢在清洁的餐桌上就餐。

如果有餐垫，还应告诉孩子在摆放餐具之前，要确认餐垫是否干净。

第二章　帮忙做家务可以培养孩子的自立心

配膳每天都会做，是孩子容易记住的家务劳动

擦拭餐桌时，四个桌角也认真擦拭了吗？

在家里正确地摆放食物和餐具，在外面才不会失礼。

😟 孩子不配合的时候……

"你不给配膳，我们就没法吃饭。"

- 做家务是使家正常运转的工作。告诉孩子，即便是小小的配膳，如果不做，大家也会觉得不方便。

小要点

☐ 餐具的摆放位置是否正确？

☐ 能在就餐前完成吗？

095

盛饭菜

饭菜看起来美不美味和盛盘有着很大关系。可以考察孩子能否体谅他人的心情。

👍 吃得美味，吃得开心

明明不论如何盛盘，哪怕直接就着包装袋吃，饭菜的味道也不会有任何改变，但不可思议的是给人的感觉就是不同。

日本料理的精美外观经常受到大家的赞誉。如何能使外观看起来美味、鲜艳多彩呢？这种体谅食客感观的用心之处就体现在了盛盘。

我们常常惊叹于西餐厅的精美盛盘，但如果在日常的餐桌上也肯花一点心思，平淡的生活也会变得丰富多彩。

另外，就像在外就餐一样，可以吃到每个人喜欢的食物会很开心，但是根据家人的人数做好饭菜，盛进大盘里，在考虑家人食量的基础上吃完自己的那一份，也是同等重要的。

近来人们越来越觉得有必要对孩子进行饮食教育。除了考虑食材和就餐对象，还要告诉孩子要一并思考如何盛盘、如何就餐。

盛盘的基本原则

让食物在容器中央隆起，是盛盘的基本原则。不是盛得满满的，快要溢出来，而是七分满，外观看起来要整洁干练，便于端来端去。

◆ 饭

第一勺盛好大体的饭量，第二勺调量。不要将饭往下压，让饭在碗的中央隆起。左边放盛好的饭，右边放饭勺，双手端着递给家人，给人一种温暖的感觉。

◆ 酱汤

配菜不单一，不要全盛一种食材，而其他食材只有一两个。不要盛得过满。

◆ 菜

不管是大盘子还是一个人用的小盘，菜样都要盛得均匀，大原则还是中央隆起。佐料、点缀可以添加在菜的上面或者旁边。

◆ 鱼

鱼头在左，鱼尾在右。萝卜泥放在正右方或者手跟前，盛出来的形状要像小山丘一样。

第二章
帮忙做家务可以培养孩子的自立心

为家人准备精美的盛盘

盛盘的秘诀是将器皿中央的饭菜隆起。副菜、酱汤中的食材盛得均衡。

孩子不配合的时候……

"盛饭的时候要想着让对方吃得美味。"

- 不情愿去做,对方吃得就不香哦。

小要点

- ☐ 是否盛得松软?
- ☐ 盛完饭后的电饭煲是否合上盖子了呢?

撤下饭菜,洗餐具

盘子撤得好,不仅容易清洗,也可以节约洗洁精。考验孩子的计划安排能力。

初级:收拾自己的餐具。

中级:也收拾家人的餐具。

高级:洗餐具。

👍 首先从自我做起

问孩子有哪些做家务的习惯时,很多小孩子都会说能够收拾自己的餐具。不论在家还是在幼儿园,撤盘子都是孩子很容易完成的基本工作。

养成这个习惯,就可以很好地帮助父母撤盘子。

撤下盛有残食的餐具时,可以邀请孩子:"能顺便帮忙洗洗吗?"如果是3岁左右,孩子应该会兴奋地跃跃欲试。即使担心"会不会摔碎啊",也不要言语、不要插手。刚开始或许会掉落,但渐渐地就会知道该如何处理湿滑的餐具了。

即使花的时间长、有玩乐的性质,但能主动清洗自己的杯子、盘子后,孩子也会增加自信。渐渐地,孩子就会主动清洗家人的餐具,由妈妈在一旁擦拭。

✌ 餐具的撤下方式

洗东西,最基本的要求就是污渍不会转移到其他东西上。通常盘子脏的是上面,但如果油污沾到盘底,清洗面积会成倍增加,相当费事。

在家里,厨房和餐桌很近,所以要告诉孩子尽量不要将脏盘子叠放在一起。

而且要告诉孩子,不能像耍杂技一样,将饭碗、小碟子等过多叠放。俗话说得好,"欲速则不达",操之过急反而会导致失败。

洗法

如果按步骤有序清洗,仅用少量的水(温水)和洗洁精就能完成。

①用厨房纸巾等去除盘子上的剩菜、油污。

②用流水迅速冲走餐具上的油污。

③做完前两步后,关掉水龙头,在百洁布上抹洗洁精,搓至起泡,然后一个一个擦拭餐具。

④用洗洁精洗完后,用流水冲干净。

⑤放置起来,小心不要打碎。

第二章
帮忙做家务可以培养孩子的自立心

脏盘子的清洗方法

1

用厨房纸巾去除油污。

2

用流水迅速冲洗残留油污。

5

用百洁布洗盘子。

4

用流水把油污和泡沫冲洗干净。

3

在百洁布上打上洗洁精,并搓出泡。

孩子不配合的时候……

"一起做可以尽快结束,帮大忙了。"

· 饭后的收拾工作很琐碎,请借助孩子的力量吧。

小要点

☐ 餐具上是否残留着油污?

☐ 发出咔嚓咔嚓的响声了吗?

擦拭、收纳餐具

大家一起做，瞬间就能完成琐碎的善后收拾。可以让孩子实际感受到合作的力量。

兄弟姐妹能够共同完成的家务

家里孩子如果有兄弟姐妹，餐具的善后收拾是兄弟姐妹互相合作的好机会。

爸爸洗，哥哥擦，弟弟收拾。或者，姐姐洗，妹妹擦，妈妈收拾。可以出现各种组合模式。

去亲戚家里玩也是，不要全由大人做，试着交给孩子吧。我家的姐姐洗、弟弟擦、亲戚家的孩子收拾等。

因为有这样的帮忙机会，孩子在别人家做客时就不会一直以客人自居，不会失礼。

 餐具的擦拭方法

右手（惯用手）拿抹布，左手拿餐具。用抹布松松地夹住餐具，左手把餐具向下旋转，自然地用抹布做出擦盘子的动作。也就是说，用力转动餐具的是左手。

这么想，我们就知道孩子大约几岁就可以擦拭餐具了。单用左手拿不动，尺寸大的拿不了，就是年龄还小。幼儿园的孩子能拿稳杯子、小盘子，三四年级就能擦盛菜的大盘子了。

餐具的收拾方法

虽然是不起眼的餐具收拾工作，但如果动作粗暴，就会打碎盘子。

- 双手收拾。
- 即便是同一种类的餐具，也不多个叠放。能轻松拿动即可。
- 放回原位（不知道可以问妈妈）。
- 放入橱柜里时，先用双手把橱柜外侧的东西取出来，双手把餐具放进去后，再把外侧的东西放回原位。
- 要叠放在其他东西上时，不要在餐具架里胡乱放置。如果卡住了，就拿出来再叠放。
- 筷子、刀、叉、匙等餐具朝向相同。
- 不咔擦咔擦地发出声音。

而且，不要在陶瓷餐具还湿着时就收纳起来，以免滋生细菌。告诉孩子要确保完全擦干后才能收纳。

第二章
帮忙做家务可以培养孩子的自立心

细心地处理碗碟

盘子不要硬摞在一起，双手要拿稳。

洗、擦、收纳，兄弟姐妹或者家人之间齐心协力合作完成吧。

孩子不配合的时候……
"你要试着做别的吗？"
- "一直是哥哥负责擦"，如果孩子不满意分工，可以试着让孩子挑战其他的工作。

小要点
☐ 从沥水篮里拿出餐具时，是否损坏了盘子？
☐ 餐具背面也擦拭了吗？

做 饭

思考菜单

思考菜单时需要综合考虑各种因素。考虑不周全，就决定不了菜单。

👍 菜单要为家人考虑

制作菜单,和在西餐馆点想吃的菜是完全不同的作业。告诉孩子不能只做自己想吃的,还要综合考虑。

孩子很早就会了解营养学方面的知识,"今天有很多黄色(碳水化合物)的食物"等,许多孩子都会觉得有趣。

这时可以对孩子说"黄色的食物营养物质确实多,你在今天的菜单中还发现了什么吗""昨天也有南瓜""秋刀鱼是秋天吃的鱼""爸爸不喜欢吃蘑菇,所以爸爸的盘子里没有蘑菇"等,孩子渐渐地就学会了思考。

告诉孩子如何思考菜单

经常在厨房做饭的人都有一套自己的思考方式。可以告诉孩子自己是怎样考虑的。一般来说,需要考虑以下几个方面:

◆ 考虑营养均衡搭配

如肉—鱼—蔬菜—肉等。

◆ 考虑家人的身体状况

如果有人感冒,可以做暖身的汤等。

别插手，让孩子自立的家务课

◆ 考虑家人的喜好

昨天做的是我喜欢的肉，今天做爸爸喜欢的鱼。

◆ 考虑季节（时令菜）

不当作学习，可以作为生活的乐趣告诉孩子时令菜有哪些。

◆ 考虑烹饪时长

今天必须在30分钟内做出来，孩子能想出适合的菜单吗？

✌ 和孩子商量时的态度

和孩子商量做什么饭时，如果孩子说"咖喱不错"，你是不是会拒绝道"又做咖喱，不行"呢？

既然和孩子商量，就要把他当作商量的对象，认真听取他的意见。如果觉得孩子考虑不周，可以让孩子进行选择，"火锅和炖鱼，哪个好呢"，这也不失为一种好方法。

第二章
帮忙做家务可以培养孩子的自立心

告诉孩子自家菜单的确定方法

和孩子一起决定菜单，会激发他帮忙做饭、配膳的兴趣。

昨天吃了什么？

现在的时令食物是什么？

符合家人身体状况和喜好的食物是什么？

今天的烹饪时长是多久？

😟 孩子不配合的时候……

"大家都喜爱的菜单是什么呢？"

- 不只考虑自己喜爱的菜品，也会考虑家人的喜好。

小要点

☐ 在超市看过食材的状况（时令、价格、品质）了吗？
☐ 考虑过家人的情况吗？

别插手，让孩子自立的家务课

备 菜

菜刀是富有魅力的工具。如果勤加练习，小学生也能熟练用刀。请让孩子体会一下即使年幼也能挑战成功的成就感吧。

可以切易切、形状已经整理好的蔬菜。

初级

自己会剥皮并切菜。

中级

"这个切长条"，可以按照父母的吩咐切菜。

高级

👍 能够发挥作用才算帮忙

幼儿期的孩子都想要试试用菜刀,"我帮忙做饭!"孩子也很喜欢用剪刀,想必剪、切这些动作一定有吸引孩子的地方。

孩子想做时,重要的是父母先提前做好准备,在确保安全的基础上让孩子放手去做。不过,切到心满意足后,觉得"已经玩够了",便什么也不管就走开,就不是帮忙做饭,而是玩做饭游戏了。

可以具体地吩咐孩子完成一小段工序,比如"切这个胡萝卜,放进这个碗里"。会清洗用过的砧板、收拾菜刀,才能算是帮忙。没有时间和孩子交流时,可以暂时拒绝,邀请孩子"明天一起做吧"。

✌ 备菜是孩子大显身手的专属工作

备菜时巧妙借助孩子的力量,可以实际感受到孩子能够发挥多大作用。推荐让孩子尝试如下的备菜工作。

◆ 处理蔬菜的皮

削胡萝卜皮。上小学一二年级的孩子也能用削皮器。

手把手慢慢地教孩子拿法和用法，之后就交给孩子做。

剥洋葱皮，从豆荚里取出青豌豆等，孩子都能做到。自从我让孩子帮忙剥蒜后，做饭也不会焦躁了。

◆ 切蔬菜

如果孩子菜刀用得熟练，可以让孩子尝试胡萝卜、白萝卜的滚刀切。切较粗的方形长条也是，早学就能早会。如果是小学生，可以让他挑战切洋葱薄片、黄瓜片等，切得厚一点也没关系。

◆ 打开食品包装

汤料的包装、牛奶盒的封口、咖喱酱的包装等，只需孩子帮忙打开，父母做饭就能得到很大帮助。

第二章
帮忙做家务可以培养孩子的自立心

只要正确使用菜刀，一点都不危险

左手手指蜷缩，像"猫的手"一样压住食材。

食材有各种切法，请多加练习吧。

滚刀块

梳形块

银杏形切片

圆片

 孩子不配合的时候……

"那么，就交给你了。"

- 受不了孩子切菜慢，不放心孩子用菜刀的人反而是父母。信任地交给孩子，暂且不看他切菜也是一种守护方法。

小要点

☐ 拿菜刀的姿势正确吗？用左手辅助切菜了吗？

☐ 切完后收拾好食材外皮和砧板了吗？

煮 饭

自己烧菜做饭的第一步就是把饭煮得好吃。自己会做饭和自立是不可分割的。

初级：淘洗已经计量好的米。

中级：计量米的分量，完成淘洗。

高级：放入适量的水，按下电饭煲开关。

👍 做饭和自立

如果孩子不会做饭,离开父母后会是什么情景呢?请想象一下吧。现在有很多快餐店,副食、盒饭等样式也越来越丰富。但是,不能每天如此度日。不仅营养会失衡,内心也会渐渐变得疲惫。

做饭和自立是无法分割的关系。即便不会做高级料理,有米饭、酱汤(做法见第 120~123 页)和一道小菜,也是一顿上等佳肴。

即便达不到独立烹饪的水平,至少在妈妈忙的时候,可以帮忙淘米、设定电饭煲,这样妈妈就能得到很多帮助。即使父母突然回家晚了,自己只要能做饭,搭配着冰箱里的瓶装菜也能吃上一顿。

让孩子从小就练习蒸香喷喷的米饭吧。

✌ 淘洗次数和水的加减

淘米是为了去除残留的米糠,并让水分充分浸透大米。

即便家里常用免洗米,但为了练习,还是试着让孩子学会淘洗普通的精米吧。自己淘洗出的米,蒸出来会特别美味。

◆ 计量适量的米

刮平量杯计算。虽说电饭煲可以保温，但尽量还是蒸适量的米，建议每顿吃新蒸出来的米饭，会更美味，并且节约电费。

◆ 用水迅速冲洗 2 次

干燥的米会充分吸收水分，所以要将浑浊的洗米水尽快倒掉。

◆ 换水再淘洗 3 次

用手掌揉搓米，使米出现细小的裂缝，这样蒸出的米饭会更松软，香气逼人。

◆ 设定电饭煲

如果直接用电饭煲的蒸锅淘米，要擦干蒸锅背面的水之后再放回电饭煲里面，这样电饭煲才能持久耐用。

◆ 放入适量的水

家人喜爱吃较硬的米饭还是较软的米饭呢？可以告诉孩子如何根据软硬度调节水量。

◆ 考虑蒸饭所需的时间，适时地按下开关。

来蒸米饭吧！

1

用量杯计量好米，放入锅中。

2

倒水，迅速淘洗。

3

换水，再洗一次。

4

换水直到淘米水不再浑浊。

5

往电饭煲里倒入适量的水，按下开关。

6

香喷喷的米饭出锅了。

孩子不配合的时候……

"有节奏地淘米。"

- 用手掌富有节奏地淘米，蒸出的米饭更美味。

小要点

☐ 淘米水浑浊吗？

☐ 是否用力过猛，把米弄碎了？

做酱汤

做酱汤是烹饪的入门。具备统筹能力才能做好。

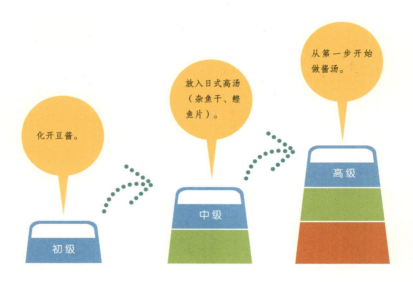

👍 思考好每一步

酱汤是极其简单的一道菜,也是一道非常值得做的菜。

按什么顺序准备能更有序地进行呢?刚开始先让孩子在妈妈的身旁帮忙,记熟全部流程吧。也请告诉孩子配菜如何搭配(裙带菜搭配豆腐,茄子搭配蘘荷等)。

◆ 煮日式高汤

开火煮之前把杂鱼干放入适量的水里。去除鱼头和鱼肠部分,这样熬出的汤汁才没有苦味。开火煮沸腾后,放入大量鲣鱼干。咕嘟咕嘟煮沸后关火,等待鲣鱼干沉入锅底。用笊篱过滤,把汤汁再次倒入锅里。

◆ 熬汤汁时,准备配料

先切配菜,佐料也备好放在小碟子中。

◆ 汤汁熬好后,放入配菜

按熬煮的时长依次放入配菜。土豆、胡萝卜要早放,豆腐、裙带菜水焯一下就能熟。

◆ 关火,化开豆酱

如果一次性放入豆酱调味,味道有时会很浓,用水稀释变浓的汤汁后,味道就会变差。所以先放一次尝尝味道,

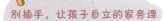
别插手，让孩子自立的家务课

再放一次决定最终的味道。告诉孩子放入豆酱后，不要让它沸腾。如果沸腾不仅豆酱的香味会挥发，豆腐也会变老，土豆会煮烂。

马上要端上餐桌之前才开火，快要沸腾之前关火，放入佐料（柚子皮、花椒叶等）。

 火候的掌握

刚开始，要化开豆酱或者倒入汤汁时，由妈妈负责把锅从火上端下来，避免发生危险。

如果使用的是电饭煲，可以不用管；但如果用的是天然气和有火撑子的炉灶，铁制部分有可能烫伤皮肤。

告诉孩子，可以踩在椅子上，这样不用抬手臂就能自如地使用长筷、汤勺。

第二章
帮忙做家务可以培养孩子的自立心

来做酱汤吧！

1

放水和杂鱼干，开火。

2

沸腾后，放入鲣鱼干。

3

关火，过滤汤汁。

4

把汤汁倒回锅里。

5

锅开后，放入配料。

6

化开豆酱并放入锅中，制作完成。

😟 **孩子不熟练的时候……**

"把豆酱分两次化开看看。"

· 多次尝味后，渐渐就尝不出咸淡了。建议第一次尝味，第二次确认。

小要点

☐ 汤汁充分熬浓了吗？

☐ 考虑过配菜的搭配吗？

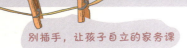

摊鸡蛋

会做基础小菜，就有自信不会饿肚子了。

初级：打鸡蛋，搅拌均匀。

中级：把蛋液倒入平底锅。

高级：把摊好的蛋饼团成团，整理形状。

👍 基础小菜

西洋厨师始于煎蛋卷，终于煎蛋卷。对我们来说，最日常的菜就是摊鸡蛋了。如果孩子能够熟练地摊鸡蛋，那么在忙碌的日子里，把晚饭交给孩子做的那一天也就不远了。

刚开始时和孩子一起试着摊，之后逐步交给孩子，孩子不知不觉就能高超地完成。

孩子独自在家时，肚子饿了总得吃些东西。比起用零食填饱肚子，不如用冰箱里的鸡蛋、香肠做顿便餐，对身体也好。

从漂亮地打鸡蛋开始做起

小孩子都喜欢打鸡蛋、搅蛋液。他们看着自己打碎的鸡蛋在平底锅上慢慢烧制成金黄色，会变得超级开心。在兴奋地说着"妈妈你快看"的时候，自然而然地就掌握了做法，知道平底锅所需的热度等窍门。

◆ 把鸡蛋打碎到碗里，搅拌。

放入酱油、白糖、日式高汤（按自家喜欢的口味增加），轻轻搅拌。像切东西一样搅拌，可以均匀地混合蛋清和蛋黄。

◆ 平底锅倒油，开火。

加热到油开始冒烟时，把蛋液一口气全部倒进去，细碎地起小泡后，摊出的蛋饼会十分美味。使用树脂加工的平底锅需要多加小心，不熟练的时候，比起美味，安全更重要。

◆ 表面薄薄地凝固后，用公筷或者锅铲将蛋饼对折。

火候不到就不能很好地翻折。做成两折或者三折，蛋卷的粗细才刚刚好。不论形状多么不好看，不影响美味是摊鸡蛋的最佳优点。

小心烫伤

告诉孩子一定要挽起袖子、戴上围裙，以免火星溅到袖子上或者前胸。万一出现大范围的烫伤或者烫到头了，不要硬脱孩子的衣服，最好一边冷却，一边叫救护车。

第二章
帮忙做家务可以培养孩子的自立心

来摊鸡蛋吧!

1

打鸡蛋。

2

用酱油、白糖等调味,搅拌均匀。

3

平底锅倒油,开火。

4

倒入蛋液。

5

蛋液凝固后,向前翻折。

6

再一次从上向下翻折,制作完成。

😟 孩子不熟练的时候……

"用左手抬平底锅试试看。"

- 单靠公筷或锅铲无法折叠时,可以灵活利用平底锅翻折,这样就能使上劲了。

小要点

☐ 平底锅热透了吗?
☐ 是否基本保持了蛋饼的基本形状呢?

> 专栏

孩子帮忙时父母要看护到何等程度

守护和监视

很多人都知道该如何守护孩子。不指手画脚、不催促,在一旁守护着孩子,让他独自专心地做某些事情,看着孩子茁壮成长。

但是,在忙碌的生活中,孩子有时会跟不上父母的步伐。如果父母的时间不是很充裕,焦躁是理所当然的。"还没好吗""这样做明明能更快完成"等,本打算默默守护,却因焦躁变成了"监视"。

亲子一起度过的时间越长,越要让孩子放手去做。相信孩子,交给孩子做,可以稍微离开他一段时间。

绝不可以说的禁句合集

此处收集了妈妈一不注意就会说出口的禁忌话语。

"妈妈做会更快。"

"妈妈做更轻松。"

"明明是我的工作,让孩子做好可怜。"

第二章
帮忙做家务可以培养孩子的自立心

"还没好?""快点!"

"一会儿让你做。""下次吧。"

"你还太小。""你还做不了。"

"我已经不知道该如何说了。"

"要说几遍你才能明白。"

我理解妈妈想说这些话时的心情,但锻炼是需要花时间的。请不要在孩子面前说这些话,以免孩子失去干劲。

不知不觉孩子就会习惯做家务,眨眼之间就不需要我们在一旁看护了。

第三章 培养孩子"体贴"能力的家务劳动

运转　　　替换　　　保养

身边的物品在不断使用的过程中会被消耗完，
届时就要换成新的。
而使生活顺畅"运转"的正是全家人的双手。
如果对"帮忙"习以为常，
孩子就拥有了一颗为他人着想、体贴他人的心。

使生活更加舒适的
家务劳动

如果没留心,就不会做,但如果做到了,会让家人过得更舒适。

请让孩子习惯做只需一点时间便能完成的家务劳动吧。

小家务使家顺畅运转

说到家务,大家或许觉得就是"做饭""整理收拾"等。不过,在生活中有大量更小的家务需要做。

而让生活顺畅运转的正是那些小家务。

早晨起床后拉开窗帘,把垃圾桶里积攒的垃圾放进塑料袋,换上新的肥皂。

如果能把这些看似不是家务的琐事做好,家才会非常舒适。

使家运转的小家务

能让孩子真正发挥作用的正是这些小家务。大的家务,如做饭、打扫等,也可以让孩子帮忙,平时多多地请孩子帮忙做那些他可以独自完成的小家务吧。

小的家务活对家人的帮助也非常大,也很有劳动价值。

短时间便能完成

现在的孩子似乎很繁忙,所以可以让他们做短时间便能结束,并且容易发挥作用的小家务。

开合窗帘只需要 1 分钟,取报纸需要 2 分钟。早上即便要迟到了,也不妨碍孩子去做这些事情,"这是你的工作,请认真做好"。

别插手，让孩子自立的家务课

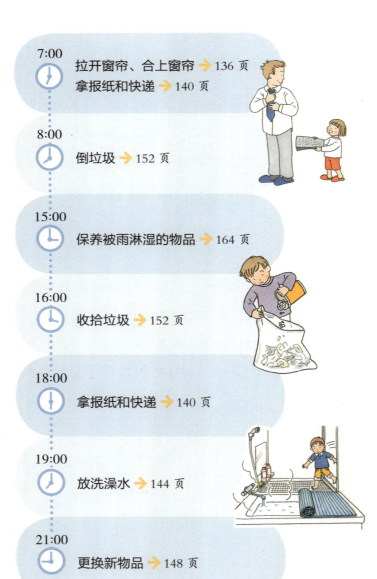

7:00　拉开窗帘、合上窗帘 ➡ 136 页
　　　拿报纸和快递 ➡ 140 页

8:00　倒垃圾 ➡ 152 页

15:00　保养被雨淋湿的物品 ➡ 164 页

16:00　收拾垃圾 ➡ 152 页

18:00　拿报纸和快递 ➡ 140 页

19:00　放洗澡水 ➡ 144 页

21:00　更换新物品 ➡ 148 页

休息日挑战做家务！

为倒特殊垃圾做准备 ➔ 156 页

擦鞋 ➔ 160 页

给自行车车胎打气 ➔ 168 页

洗车 ➔ 172 页

使生活正常运转的家务劳动

拉开窗帘、合上窗帘

如果有项工作需要孩子在晨之始、日之终为家人而做，那么孩子作为家庭的一员，会充分感受到自我的价值，并拥有自信。

早上拉开窗帘。 初级

天黑后合上窗帘。 中级

除了开合窗帘，还会开合防雨门窗、关窗锁门。 高级

👍 使家正常运转的工作

家这个场所，需要生活在里面的家人通过双手劳动才能顺畅运转。虽然妈妈做的家务劳动比较多，但爸爸和孩子也要参与其中。全家人为了自己的家而努力，才算是一个和谐的整体。

反过来，如果有人没有为这个家付出劳动，那么这个人也许不能算作真正的"家人"，家有时也会因此变得寂寞，变得分散。家人是互相不可失去的存在，仅靠亲情维系是远远不够的。

做饭也好、洗东西也好，家人可以各自做自己能做的事，但我希望父母让孩子做那些能实际感受到自己在使家庭"运转"的工作。

最简单又最深有体会的，就是早晚的开合窗帘（以及开合防雨门窗）了。

早晨起床打开窗帘，"天亮了！"微暗的房间会瞬间亮堂堂的，令人朝气十足。晚上天黑了合上窗帘，家里又显得温馨宁静。这是能够直接触动家人情绪的工作。

✌ 开合防雨门窗和关窗锁门

365天,每天早上和晚上都要开合窗帘,教孩子细心地拉动吧。不要生拉硬拽,双手要轻柔地开合。

拉开后要固定牢,合上时则要不留缝隙。用心去做会使房间的氛围变得舒畅。

有的父母是不是不放心把关窗锁门的事交给孩子做,而是全部自己负责呢?如果孩子从小就能留心家门安全,那么不只是看家的时候,当他将来一个人生活时,父母也可以放下心来。可以让孩子逐渐负责开合防雨门窗、关窗锁门等工作,最后由父母检查。

旅行归来后的开窗通风也交给孩子吧。

第三章
培养孩子"体贴"能力的家务劳动

提醒家人一天的开始与结束

轻柔地拉动窗帘,紧紧闭合不留缝隙。倾情推荐这些小的家务劳动,可以让孩子实际感受到自己在使家顺畅运转。

😟 孩子不配合的时候……

"开合窗帘只需要1分钟。"

- 即便是快要迟到了来不及拉开窗帘,或者是困得不得了没力气合上,父母也不可以替代。

小要点

☐ 是不是一起床就立马拉开窗帘?

☐ 完全拉开或者合紧了吗?

拿报纸和快递

如果拿报纸和快递的家务只做一次,是可以轻松完成的,但如果一直由自己负责,还能够坚持吗?这项工作可以培养孩子的耐力。

"拿进家"的工作

把孩子当作一名"帮手"时,对父母来说,让孩子最常做的事情就是"拿过来""取过来"了吧。自古以来,"跑腿儿"就是孩子的专属工作。

腾不开手时,如果能有个人帮忙,真的很棒。父母有时候想放松一下,坐在沙发上,即使想起"没有报纸看",也会懒得动。这时,如果孩子可以帮忙拿过来,父母会很感激孩子。

虽然因为自己偷懒而劳烦孩子有点不厚道,但父母也有累得不想动的时候。那时候拜托孩子帮忙不是一件坏事。

报纸、快递是寄给家人的物品,为家人而工作是快乐的。当想看报纸却没有时,就拜托孩子吧:"能帮忙从信箱里取过来吗?"

对待报纸也要爱惜

取报纸时,如果使劲从信箱里往外拉拽,报纸会被撕坏。

递给爸爸妈妈时也是,不要随手丢过去,"给您报纸!"而是要交到爸爸妈妈的手里:"报纸给您拿过来了""请收报纸"。如果不手手相传，就具体地告诉孩子应该把报纸放在哪里吧。

下雨天寄过来的报纸会被放在塑料袋里，如果就这样直接递给别人，即便对方是家人，也会显得不够周到。

快递也一样。除了寄给自己的明信片和信以外，即便是寄给家人的物品，也坚决不能拆开，要放在适当的地方。如果家人没注意到，时间长了会有所不便，所以家人事先定好一个指定的位置吧。

虽然细微琐碎，但在将来进入社会后，这种家人之间的关怀必定会发挥作用。插点题外话，在考虑到下一个人也会看的情况下，把自己看过的报纸认真折叠好也是一种有教养的表现。

第三章
培养孩子"体贴"能力的家务劳动

腾不开手时的帮助
——请孩子帮忙"拿进来"

不要生拉硬拽,把箱门大大地打开,慢慢拿出来。

确定好是放置在指定地点还是交给本人。

😟 孩子不配合的时候……

"还没有取出来,还放在信箱里。"

· 既然取报纸是孩子的职责,那么妈妈就不可以替代。

小要点

☐ 对报纸爱惜吗?

☐ 递过去的时候说:"请看""给您"了吗?

别插手,让孩子自立的家务课

放洗澡水

一边想象着家人舒舒服服泡澡的情形,一边烧洗澡水,可以培养孩子体贴他人的能力。

塞上浴缸的塞子,注入热水。 初级

水满后关掉热水。 中级

看见脏的地方会弄干净。 高级

👍 "查看热水是否注满"的体贴

其实孩子会做很多事情。打扫、洗衣、做饭由大人做确实能更快完成,但跑腿儿、照料等工作,孩子作为一个帮手的确能发挥很大作用。

烧洗澡水的工作也是,以前都是由孩子负责的。舀水、添加劈柴、烧火,水变热后,一边测试水温,一边接着烧火。这样的工作很辛苦。但是,"水会不会太烫了""水变温了吗"等,一边想象着泡澡人的心情,一边烧水,这个过程会让孩子懂得体贴家人。

现在只需拧开水龙头、按下开关,就能放出热的洗澡水,非常简单。虽然简单,但为家人烧洗澡水的孝心却没有变。

✌ 给爸爸放洗澡水

每个家庭的情况都有所不同,但至少在周日,请试着对孩子说:"爸爸马上要去洗澡了,你能帮忙放洗澡水吗?"

如果家里有婴儿,可以对孩子说:"宝宝要洗澡了,你能帮忙放好洗澡水吗?"

不是为了自己，而是为了家人放好洗澡水。孩子也会因此感到兴奋和自豪吧。

 留心查看四周

提醒孩子进入浴室后，要留心查看一下浴室环境。

昨天用过的沐浴露掉在地上了，洗发水的盖子开着没关，肥皂变成了粉末等，通过这些观察，孩子会变得细心起来。

比起注意到了却不做，因为没有注意到而没能做更不应该。"细心"是很强大的能力。

第三章
培养孩子"体贴"能力的家务劳动

体贴一下家人吧!

放热水时,要留心水量的变化,防止热水溢出。还要注意肥皂余量、地上有没有垃圾等。

😟 孩子不配合的时候……

"你给放好的洗澡水,爸爸(妈妈)会泡得更舒服啊!"

- 要告诉孩子的是,对给自己放洗澡水的人怀有感恩之情。

小要点

☐ 塞子塞紧了吗?

☐ 留心浴室的情况了吗?

正确处理使用过的物品

更换新物品

不要推托,以为有人会换,而是要富有责任感地认为"我看到了,我来换"。

更换新的厕纸。

牙膏、肥皂用完后会拿出新的换上。

看见毛巾脏了会换掉或清洗。

初级　中级　高级

👍 使家更好地运转

家里有很多必须时常更换的物品。比如，厕纸、肥皂、灯泡等消耗品，毛巾、罩子等日用品。

除此以外，家电用品时间长了也要更换。衣服旧了、不合身了也要买新的。

在日常生活中，物品每天不断地被使用消耗，接着拿新的换上。在这个循环系统中，全家人要通过双手使生活顺畅地循环运转，家也由此成为无可替代的"我们的家"。

把更换工作交给孩子，让孩子亲自去做吧。首先从更换自己用完的物品开始做起。

让孩子易于更换的方法

更换厕纸本身非常简单，但是，如果厕纸存放在孩子够不着的地方，就会很费事。请在厕所里放置一个易于孩子拿进拿出的储物柜吧。

并不是换成新的就行了，还要把厕纸的纸芯扔进垃圾桶才算完成。

毛巾、牙膏、肥皂也一样。

别插手，让孩子自立的家务课

◆ 告诉孩子物品的储存地点。

虽然父母觉得"孩子应当知道"，但大多数情况下都是只有妈妈知道。

◆ 请把物品收纳在孩子不用踩椅子也能够得着的地方，一次便能完成拿进拿出。

如果需要取出盒子、双手打开盖子、再放回去等三步以上的动作，孩子有可能就会嫌麻烦不去做了，到最后找借口"没有找到"。

请告诉孩子脏毛巾要放进洗衣篮中，肥皂的包装纸要扔进垃圾箱，事情要做到尽善尽美。

养成用完后立马替换的习惯

不只是替换，扔掉垃圾才算完成帮忙。

设置便于孩子拿进拿出的储物柜。

😟 孩子不配合的时候……

"纸芯掉在地上了。"

- 父母不要在对孩子发完脾气"说过多少次了"之后自己扔掉，而是把孩子叫到纸芯掉落的地方，让孩子自己丢掉。

小要点

- ☐ 替换时考虑出纸朝向等实用性的问题了吗？
- ☐ 有没有垃圾残留？

倒垃圾

会正确倒垃圾,以后孩子成家了,父母也能放心。该能力有助于培养孩子自立。

倒垃圾，行动胜于知识

现代的孩子掌握了丰富的垃圾处理知识。减量化(Reduce)、再利用(Reuse)和再循环(Recycle)的"3R"原则，以及关于地球的资源状况等，孩子都有学习。

有知识储备固然不错，但不能将其应用到每天的生活中，就是理论脱离实际。第一步是孩子能把垃圾分类，倒进垃圾箱。请先让孩子认真做好倒垃圾的工作吧。

父母一般不想让孩子做脏的工作。孩子也嫌弃，不打算做。但是父母还是要告诉孩子，脏的工作不是妈妈的专属工作，如果大家都因为脏而不做，那么家里、街道上的垃圾就堆成山了。

将垃圾分类

将垃圾拿到垃圾站之前，必须先归好类放进袋子里。家里面的垃圾桶是容易归类还是难以归类呢？这取决于我们扔垃圾的方式。做一次就会知道了。

必须根据规则分类。

- 嚼完的口香糖、香蕉皮、冰棍棒等不能直接丢进垃圾桶，要扔进厨余垃圾中，或者放进塑料袋里，把自家的处理方法告诉孩子。

- 沾有鼻血、鼻涕的纸巾，把脏的一面卷在内侧丢掉。
- 纸巾盒等盒子要压扁后再丢。
- 果汁瓶要冲干净再丢。

除此以外，如果家里还有其他需要注意的事情，也要一一告诉给孩子，不要嫌麻烦。

在垃圾站也不要乱丢

教孩子要为环卫工人考虑。

- 不要随意乱抛垃圾，要整齐地摆放好。
- 认真放进垃圾箱内。

如果看到乌鸦把垃圾吃得满地狼藉，要以此为契机，和孩子一起打扫。

第三章
培养孩子"体贴"能力的家务劳动

首先从倒家庭垃圾开始吧!

教孩子所住地区的垃圾分类方法。

细心地把垃圾放进网罩里,避免垃圾掉出来。

😟 孩子不配合的时候……

"为什么啊?"

- 当你对孩子说"要这样做"时,如果孩子反问"为什么",你也可以反问孩子。实际上孩子是知道答案的。

小要点

☐ 垃圾袋的封口扎紧了吗?

☐ 细心地放置在垃圾站了吗?

特殊垃圾的倒法

不是随便倒倒即可,而是要认真地完成,这需要孩子能够坚持到底。

分类时帮妈妈忙。 初级

用绳子捆旧报纸。 中级

处理厨余垃圾。 高级

通过倒垃圾的方式可以看出一些事情

大家觉不觉得倒垃圾会展示出人的性格？把废纸拿去回收时，如果对方用细绳认真地捆扎好，我们会感叹："这是做事认真的人。"

看见对方将贴有个人姓名的标签全部细心地去除，我们会感觉"这个人很注意保护个人信息"。

即便我们没打算看，但每次倒垃圾时，一不小心就会看见其他人的垃圾。虽说不用过分在意他人的眼光，但还是希望孩子倒垃圾的方式不会引起他人评论。

在有很多公寓的地区，大家常常会说："这里有很多独自生活的年轻人，所以关于垃圾的纠纷也有很多。"提前告诉孩子垃圾的倒法，孩子自立后父母也能放心。

 最后很关键

有这样一句话，"不要在最后关头掉以轻心"，我觉得包括我在内的大多数人都容易犯这种错误，而那些能够坚持到底的人，仅靠此就能比大多数人拥有更多的工作能力。

不要小看倒垃圾，正因为是不太令人喜欢的工作，认

真地完成到最后，才更能培养坚毅力。

◆ 厨余垃圾

厨房洗涤槽里一般有厨余垃圾漏斗，有各式各样的形状，无论哪一种，丢垃圾时都要用力压一压，去除水分后再扔。如果将框架部分也清洗干净，就更完美了。

◆ 废纸、旧杂志

请将捆扎方法演示给孩子看。做法不一，捆扎牢固即可。我喜欢在纸捆一边打结的做法。

◆ 卫生巾

女士们在家是如何处理卫生巾的呢？卫生巾的丢弃方法只有在家才能教会女孩子。把脏的那面卷在内侧，和厕纸分开放入塑料袋丢弃。孩子的纸尿裤也用同样的方法处理。

厨余垃圾的丢弃方法

取出厨余垃圾袋。

拧紧袋子去除水分，绑紧封口，放入另一个塑料袋里。

给厨余垃圾漏斗放入新袋子。

报纸的丢弃方法

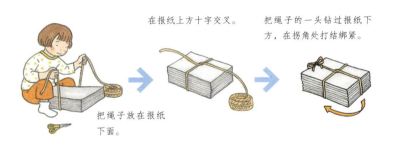

把绳子放在报纸下面。

在报纸上方十字交叉。

把绳子的一头钻过报纸下方，在拐角处打结绑紧。

孩子不配合的时候……

"做着做着就习惯了。"

- 最初谁都会嫌脏，或者绑不好。但是，人做着做着就会习惯的。

小要点

☐ 厨余垃圾还滴水吗？

☐ 用绳子提起废纸捆时会散开吗？

保 养

擦 鞋

通过保养使鞋子持久耐穿。在保养物品的过程中，孩子会懂得爱惜物品。

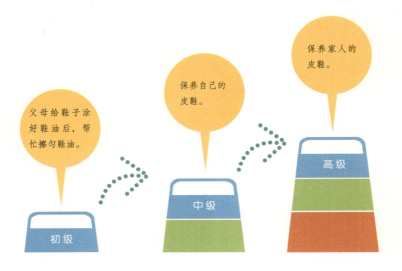

父母给鞋子涂好鞋油后，帮忙擦匀鞋油。 初级

保养自己的皮鞋。 中级

保养家人的皮鞋。 高级

👍 变得闪闪发光的快乐

有的人把擦鞋当成乐趣,甚至会收集整套工具,擦鞋可以说是一门很有意义的工作。在保养的过程中,我们会得到让鞋子变得闪闪发光的成就感,这是一项让人感到快乐的家务。

看到孩子给家人保养鞋子的姿态,我们会觉得很可靠。先让孩子和父母一起学擦鞋,父母教孩子保养鞋子的方法吧。那时候,不仅孩子会说"好开心啊"之类的话,也许还会出现"上一次穿这双鞋是入学典礼的时候""妈妈的鞋子,必须修脚后跟啦"等对话呢。

做保养时,内心会和物品对话,进而产生爱惜物品的情愫。

使皮鞋经久耐穿

这里要告诉大家皮鞋的保养方法。由于保养方式的不同,有的皮鞋或许立马就不能穿了,有的甚至能穿 10 年之久。

① 用鞋刷刷掉表面的污渍。如果没有鞋刷,可以用废旧的牙刷代替。

② 将旧抹布沾上清洁剂，把鞋子表面擦干净。不要只擦容易擦的部分，皮革重叠的部分积攒的污渍也要擦除，要告诉孩子重叠的地方都有哪些。

③ 将旧抹布沾上极少量的鞋油，整体薄薄地打一层在鞋面上，建议使用透明的鞋油。鞋子掉色时，要选择和鞋子颜色相匹配的鞋油。不熟练时容易挤过量，以指尖大小的量为宜。

④ 用干布或者鞋刷用力揉擦，使鞋油融入皮革，显现出光泽感。

⑤ 擦完后不要立马放入鞋柜，在外面放置几个小时或半天左右。

 放在通风良好的地方

鞋油里面有挥发性成分，而且鞋油有特殊的味道。

保养鞋子时，请打开玄关门，或者在阳台处理，告诉孩子要保证有新鲜空气流通。

帮爸爸擦皮鞋

将鞋布抹上清洁剂。

用鞋刷去除泥污。

打鞋油，把布蘸上鞋油，薄薄地在鞋面上抹匀，用布干擦。

在玄关放置半天左右。

😟 孩子不配合的时候……

"因为你帮爸爸擦鞋，鞋子变得闪闪发光呢！"

- 用语言告诉孩子自己很开心，感谢孩子帮忙擦鞋。

小要点

☐ 是否细心地去除了污渍？

☐ 鞋油是否抹多了？

保养被雨淋湿的物品

立即保养可以减少损失。让孩子发挥高效行动力吧。

把湿鞋立起来放。 初级

往鞋子里面放入报纸,弄干鞋子。 中级

处理淋湿的衣服和雨伞。 高级

👍 对被淋湿的物品当即处理

下雨天,大人和孩子一到家就放松了,想要立马休息。我了解那份心情,但如果就此不管,物品湿的时间越长,受损越严重。

"回到家立刻做",教会孩子各种物品保养的方法吧!

◆ 保养鞋子

无论是上下学时穿的运动鞋,还是皮鞋,基本的保养方法都是先排出水分。

如果只是表面有点湿,那么只需竖着放就足够了。如果是雨鞋,里面湿了,可以放入旧报纸吸干水分,然后晾干即可。

如果运动鞋里外都淋湿了,可以用下面的保养方法进行保养。

① 把团成团的报纸塞到鞋尖。如果是白鞋,可以用纸巾包裹住报纸,以防鞋子沾上报纸的油墨。

② 根据淋湿的情况,多次替换报纸,直到水分不再渗透报纸。

③ 在鞋子下面放上报纸,放在通风处阴干。中途取出里面的报纸。

◆ 雨伞的打理

即便回到家不立即做,第二天雨停后也要进行打理了。如果一直下雨,可以放在车库晾干。

①拍打掉雨伞上的水分。

②打开阴干。

◆ 衣服的保养

告诉孩子,外套、毛衣等淋湿后,回到家要立刻保养。

① 挂在衣架上,尽量避免变形。

② 用毛巾轻轻拍打,去除衣服表面的水分。

③ 放在通风处阴干。

如果有地方挂晾,把雨衣直接挂在衣架上晾干即可。如果需要在走廊里晾干,要将雨衣上的水擦拭到不会向下滴落的程度。

"回到家立即做"是保养的原则

把揉成团的报纸塞入鞋子里,立起来阴干。

把衣服用衣架挂起来,擦拭上面的水滴,放在通风处阴干。

弄掉雨伞上的水滴,打开阴干。

😟 孩子不配合的时候……

"如果放着不管,以后就不能穿了哦。"

- 告诉孩子要爱惜衣物,对衣物进行保养。

小要点

☐ 是否往鞋子里细心地塞好了报纸,以防鞋子变形呢?

☐ 有没有小心地不弄湿周围?

给自行车车胎打气

除了自己的自行车,如果孩子还能顺便查看家人自行车的气是否充足,就说明他做得很棒。

👍 发现车胎没气时要立即打气

我们注意到自行车车胎没气时,往往是在骑乘后。因为已经骑上去了,所以就想着"以后再打气吧",可是大多数情况下就那样放着不管了。

全家人要骑车外出时,如果孩子注意到车胎瘪了,就告诉孩子"现在就打气吧"。如果孩子说"下次再打吧",就请告诉孩子:"如果现在不做,以后就会忘记,现在做会更轻松哦。"

"顺便给所有人的车都打满气吧",家人之间可以互相合作完成。

触摸确认硬度

用手触摸车胎确认气是否打满了。如果孩子问:"妈妈,可以了吗?",就和孩子一起摸摸车胎,告诉孩子达到何种程度即可。

如果打气过多,车胎过硬,自行车同样难以骑行。

给自行车打气是件费力气的工作。除了手,还要利用腰部力量向打气筒施力,孩子掌握这个诀窍了吗?

检查自行车的状态

打完气后可以检查一下自行车整体的状态。告诉孩子，保养得当就能经久耐用。

- 有没有生锈的地方。如果有，请告诉孩子去除锈迹和抹油的方法。
- 有没有歪的地方。简单的歪斜自己就可以矫正，要是严重就拿去修理吧。
- 车座的高度是否正合适。孩子长得快，之前调节好的高度，现在也许不再适用。坐在车座上双脚能轻轻地碰到地面就是正好的高度。
- 车锁、车灯、车铃是否有损坏。很多时候如果没注意到，就置之不理了。
- 自行车的车篮里是否有东西放着没拿。有时里面还会堆积着垃圾。

第三章
培养孩子"体贴"能力的家务劳动

注意到车胎没气时就打气，是轻松且安全的做法

和孩子一起按压车胎，告诉孩子最合适的车胎硬度。

把充气口转到下方，插入打气筒，腰部用力，双手按压打气筒，如此就能顺利地打气。

☹ **孩子不熟练的时候……**

"利用自身的重量按压打气筒看看。"

- 按压打气筒的时候，将自己的重量自上而下地施加在打气筒上，会更容易施力。

小要点

☐ 是不是注意到车胎没气后就立即打气了？

☐ 有没有检查自行车的状态？

别插手，让孩子自立的家务课

洗 车

洗车考验的是在帮助父母的时候能否注意到推动工作顺利进行的必要工具，是否具有计划能力。

👍 作为休息日的乐趣

洗车多数由爸爸负责。会用到大量的水，需要卖力气擦洗，对孩子来说这是个快乐的工作。

家人一起嬉闹地看水龙带冒出的水花形成彩虹，看玻璃窗亮闪闪的，反射着阳光，这不就是家庭特有的欢乐吗？

爸爸平时忙于工作，很少有机会能和孩子促膝交谈，所以这也是爸爸可以一边做手头的工作，一边和孩子交流的好机会。

"下次的棒球队练习比赛我能出场呢。""家里有下次学校露营要用的物品吗？在哪里有卖呢？"亲子之间也许会出现平时餐桌上不会出现的对话哦。

把孩子当作助手

无论爸爸还是妈妈，多多地把孩子当作助手吧。

父母可以吩咐孩子"拿刷子""水桶里的水不够了，加点水"，孩子跑来跑去帮助父母干活的经历会成为他童年时代的美好回忆。不要说一个人做反而更轻松，尽情体会使唤孩子的乐趣吧。

各个家庭都有自己相应的做法，一般孩子作为助手能

帮上忙的工作大体如下：

◆ 让孩子拿清扫工具

海绵、刷子等，不同的工序使用的工具也不同。"下一个是哪个"，孩子渐渐地就会主动询问。

◆ 换水桶里的水

水桶用来洗抹布很方便。拧抹布、换水等工作都交给孩子做吧。还要告诉孩子脏水可以倒在哪里。

◆ 扔掉车内的垃圾

有孩子在，车内垃圾往往扔得到处都是，比如包装纸，纸巾等。给孩子递过去垃圾袋，让他自己把垃圾捡起来。他们知道了垃圾多，收拾辛苦，平时坐车时扔垃圾的方式也会有所改变。

第三章
培养孩子"体贴"能力的家务劳动

对孩子来说洗车是一件快乐的工作

一边洗车一边聊天,这是爸爸和孩子交流的好机会。

想想后面要做哪一步了,递过去要用的工具吧。

😟 孩子不配合的时候……

"仔细观察爸爸的动作。"

- 如果孩子只会添乱,也不要生气,不要说"不用你帮忙了"之类的话,而是告诉孩子应该如何做。

小要点

- ☐ 是不是得到吩咐后就能立马展开行动呢?
- ☐ 完成后也帮忙收拾工具了吗?

175

别插手，让孩子自立的家务课

专栏

做家务会让身体更强壮

来用抹布擦地吧

试着拧抹布吧。竖着拧抹布，力量会从手腕依次流向手臂、肩和腰。如果横着拧，只会用到手部力量。

接下来，和孩子一起用抹布擦客厅等宽敞的地方吧。不是膝盖触地去擦，而是双手放在抹布上一鼓作气地擦。

做得顺利吗？孩子的身体有没有左右倾斜或者跌倒呢？

在家务班，我会让孩子用抹布擦30米左右的长走廊。可以看到有一半孩子都会左右不平衡。

在做家务时，我们会靠腰部力量取得平衡。如果平时不多多活动身体，就找不到轴心，用不上力，继而左右摇晃。

身体的轴和平衡

现如今我们的生活中，体力劳动非常少。可以通过做家务告诉孩子身体的智慧，如何正确地发力，才能避免身体酸痛。

活动身体时要把轴心放在腰部，左右掌握好平衡，坚持做，吃饭时的姿势也会出现变化。

　　右手拿筷子、左手拿饭碗的姿势，就是均衡活动身体两侧的动作。支起胳膊肘的姿势反而让身体很累。要帮助孩子掌握正确的姿势。

Chapter 04
第四章

可以增强自信、培养责任感的独立劳动

跑腿儿

照顾和照料

当孩子习惯在父母身边帮忙后，
就让孩子去挑战一个人完成某项家务劳动吧。
孩子收到吩咐后会变得格外努力。
走出家门、和他人接触，会使孩子快速成长。
刚开始也许会感到不放心，但还是要相信孩子，
大胆地交给孩子做吧。

可以一个人完成的
家务劳动地图

习惯帮忙后,孩子也会增强自信。
作为挑战,试着让孩子在父母看不见的地方帮忙吧。

别插手，让孩子自立的家务课

学着与他人接触

做饭、洗衣等处理周身事物，使家能够正常运转的劳动，都是在父母身边的劳动。那么下一步，我们稍微向外扩展一下吧。

作为家庭一员，许多需要在家门外完成的事情，孩子也能做到。

比如，给邻居送东西，到商店买东西，迎来送往等，可以从小就让孩子开始练习，如此一来，长大后举止会落落大方，不胆怯，并能够根据时间、场合随机应变。

而且，不要只把孩子看作是家里最小、最需要被保护的人，也请给孩子创造机会，让他学会保护别人，帮助比自己弱小的人吧。

即便没有兄弟姐妹，也可以照料邻居家的孩子，根据家人的生活环境发现各种可能吧。

不要强迫孩子去做

不过，是否让孩子外出做一件事，也要根据所住地区的特点、孩子的个性来灵活处理，不能简简单单地就断定孩子到了哪个年龄就能做哪些事了。

例如，如果孩子无论如何也会害羞，讨厌给邻居送东西，就没必要强迫他去送。

试一次不行，可以过一段时间再次尝试。虽然几个月后，孩子还是会有点害羞。面对外面的世界，为了让孩子更有自信，值得他人信赖，就通过让他帮忙培养他的能力吧。

跑腿儿

和妈妈一起跑腿儿

学着购买日常用品，会增强自立能力。

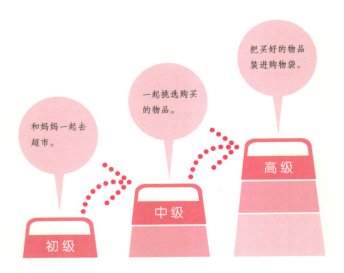

挑选生活用品的能力

前文提到过"生活是个循环系统"。这个循环系统,并不是只有物品在里面咕噜咕噜地旋转的封闭系统,而是要从外向里添置物品,从里向外清理用完的物品,是一个开放的系统。这也正是生活的丰富多彩所在。

要学会如何挑选必需品和令人开心的物品。不买有没有都行的非必需品。这是在物质过于丰富的今天所必备的能力。

和孩子一起去超市,拿起一个个物品如牛奶时,看孩子会不会注意到"家里面没有牛奶了"等问题。一点点地让孩子积累帮忙的经验吧。

购物须知

请告诉孩子,平时购物都要注意哪些细节。有时听听孩子的意见也会有所发现。

◆ 看赏味期(最佳风味期)、保质期

也许孩子更懂得赏味期和保质期的区别。保质期多用于生鲜等在规定日期内需要尽快食用完的食物""赏味期多用于罐头等可以长期贮存的食物"。赏味期即便快到了,

只要还在期限内，食物还是安全可食用的，也能保持最佳的风味。

◆ 看标签

会看产地、原材料名称就可以。

◆ 挑选看起来美味的食品

蔬菜要新鲜水灵，鱼眼要亮晶晶，肉不能出水等，优质食物的挑选也是有秘诀的。

◆ 知道时令

如果广告卖点上写着"时令"，一眼就能看到。时令菜通常价格便宜且量大，一看就水灵饱满，告诉孩子辨别的方法吧。

◆ 装袋方法

硬的、重的、纸盒状的物品在下，柔软的物品在上。面包、鸡蛋等食品要防止压扁、压碎，可以和孩子一起边装袋边思考。

第四章
可以增强自信、培养责任感的独立劳动

会区分必需品和非必需品

告诉孩子保质期、时令、价格等挑选商品的窍门吧。

硬的、重的物品在下，软的、容易压碎的物品在上，一边让孩子考虑一边让他装袋。

☹ 孩子不配合的时候……

"那买你推荐的苹果吧。"

- 即便在父母看来"这个不行"，也可以试着买一次，等孩子吃过之后，就能说服他了。

小要点

☐ 物品挑都不挑，直接胡乱地购买吗？

☐ 能够正确看懂标签吗？

独自跑腿儿

让孩子一个人去跑腿儿是充满刺激的大冒险。这样做不仅能够培养孩子的挑战力，当他做到了，还会获得成就感，能够增强他的自信。

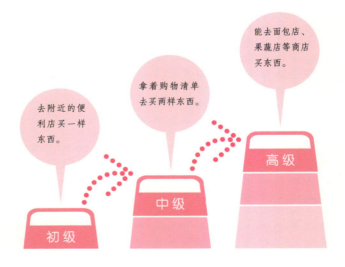

👍 上小学后

一般孩子到了能独自上下学的年龄后,就能一个人去跑腿儿了。准备晚饭时,如果没有鸡蛋了,孩子能够帮忙去买几个回来,妈妈真的能得到很大的帮助。让孩子一点点锻炼起来吧。

刚开始的时候,可以让孩子去妈妈经常光顾的附近的便利店,或者有熟悉的店员在的商店,这都是令人放心的。我不太推荐妈妈像综艺节目里那样,悄悄地跟在后面。只有孩子真正能够独立完成,父母才能打心底里认可"你长大了""交给你做妈妈就放心了"。

从这个层面上来说,没必要让还处于幼儿园的孩子就开始跑腿儿帮忙。幼龄阶段的孩子更适合做类似"给邻居送东西"的工作。

✌️ 教孩子学会用钱

刚开始时,可以只让孩子买一样东西,比如"买一瓶牛奶""买一袋面包"等,从容易携带并且简单的物品开始吧。

可以让孩子去爸爸妈妈经常光顾的店,即便不特意告

诉他方位,也知道怎么走。

可以用细绳等固定好钱包,以防掉落,也可以为了让孩子长记性而故意不固定牢。告诉孩子:"钱包掉了会很麻烦,要拿好钱包。"

告诉孩子收好找回的零钱。回家后,可以让孩子递东西的同时也把零钱递过来。

等孩子习惯后,就试着让孩子买更多的东西吧,记在购物清单上会更令人放心。那时,也许孩子会为了花掉找回的零钱,而大胆地搭配着买郊游的点心。

让孩子跑腿儿,选择一家店就足够了。毕竟我们考验的只是紧急情况下孩子能否帮上忙。

第四章
可以增强自信、培养责任感的独立劳动

一个人去跑腿儿时的注意事项

去之前
列出购物清单让孩子拿上。

在店里
不要忘记拿物品和找回的零钱。

回家后
立刻把购买的物品和找回的零钱交给妈妈。

😟 孩子不配合的时候……

"如果害怕,不必勉强孩子去。"

- 有的孩子即便上了小学也会感到害怕。如果真的不敢去,也不要强迫孩子去外面跑腿儿。

小要点

☐ 是不是只买了计划购买的物品?

☐ 找回的零钱交给妈妈了吗?

看 家

通过独自看家、留神周围环境，可以培养孩子的细心和自立心。

初级：父母锁好门，独自看家。

中级：自己锁好门在家。

高级：留心看家时应做的事。

👍 看家需要注意的事情

看家并不是一个人在家待着就行。因为只有一个人守护着这个家,所以很多事需要留心,也有很多事要做。

孩子到了小学三四年级,放学后有时就需要拿钥匙自己打开家门。

事先告诉孩子短时间看家时具体应该怎么做,当父母有急事必须离开家时,才能放心外出。

应当提前告诉孩子的事情有:①关窗、锁门;②看家时如何接电话;③在家应当留心的事情有哪些;④如何应对紧急事态。

◆ 关窗锁门

把孩子独自留在家时,建议让孩子自己锁上门。如果父母从外面锁住,孩子就会对此不上心。告诉孩子放学后一个人在家时,进门就要锁好门。

此外,在让孩子看家前,和孩子一起查看窗户、前后门是否锁好了,确认是否没问题。

到了小学五六年级,还要和孩子商量在他看家过程中能否外出(比如去朋友家)。

◆ 看家时如何接电话

事先告诉孩子应该如何应对，一起一边写笔记，一边确认。可以让孩子告诉来电的人，"请您稍后再打过来吧"。

◆ 在家应当留心的事情

"妈妈晾着衣服，要是快下雨了，就把衣服收进来""傍晚关上防雨门窗"等，具体记下来希望孩子在家中做的事情。随着积累，以后不用妈妈吩咐，孩子就会自觉留心。

◆ 紧急事态的应对

孩子记住父母的手机号了吗？"如果发生恐怖的事或者发生事故，要打给附近的邻居，或者打公共求助热线"等。为以防万一，也要告诉孩子邻居们的电话号码。

**只要注意到这些，
独自看家也没问题**

关窗锁门了吗？
不只是玄关门和窗户，厨房后门也上好锁了。

第四章
可以增强自信、培养责任感的独立劳动

下雨怎么办?
事先将希望孩子做的事情写下来,比如希望孩子收衣服,关上防雨门窗等。

有人打电话来,或者有客人来?
让孩子接待时,要提前告诉孩子该如何应答。

· 电话响了就这样回答!

请问您是哪位?

请您稍后再打过来吧。

之后给您回拨过去,请您告诉我您的电话号码。

请您稍后再打过来吧。

☹ 孩子不配合的时候……

"把家就交给你了。"

· 请告诉孩子,看家是在守护这个家。

小要点

☐ 注意家里的情况了吗?

☐ 出来迎接并说"欢迎回来"了吗?

给邻居送东西

给邻居送东西这件事小孩子也能做到，还能培养他的沟通和交际能力。

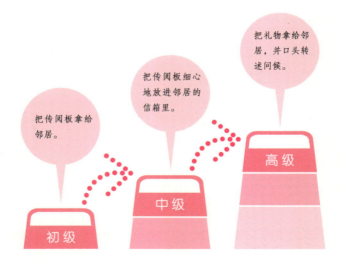

初级：把传阅板拿给邻居。

中级：把传阅板细心地放进邻居的信箱里。

高级：把礼物拿给邻居，并口头转述问候。

👍 和身边其他人沟通

在日常生活中，人际关系似乎分为了两个极端，一端是在身边相互理解的家人和朋友；另一端是在路上、车上擦肩而过、无须相互理解的陌生人。

其实，在人际关系中也存在"身边的其他人"，比如会相互打招呼的邻居，偶尔在一起工作的同事，偶尔相见的远亲等。

实际上，和身边的其他人交际更能锻炼孩子的沟通能力。如果小时候就能习惯和身边的其他人沟通，对孩子来说是非常好的。不要强求孩子和对方相谈甚欢，能将父母教的话口头传达给对方，已经是充分完成任务了。

✌ 口头转述

给邻居送的代表性物品就是传阅板和礼物。

◆ 送传阅板

看完后立马告诉孩子"拿给邻居看吧"，及时传递给下一家。

根据地区不同，处理方法也有所不同。有的地区可以放置在邻居家玄关前或者信箱里，有的地区如果邻居在家，

还是亲手交给对方比较好。告诉孩子具体应该如何做，比如告诉孩子："按对讲门铃，如果没有人开门，就放进信箱。"

双手递过去时，可以说："给您传阅板。"放进信箱时，不要硬塞，要小心地插进去。

◆ 送礼物

分享可以增进邻里往来。通过这种形式使孩子和邻居相识并变成熟人后，也会减少对坏人的担心。

口头告诉孩子该如何转述。

"妈妈说收到了从老家寄来的好多苹果，请大家品尝""我们去北海道旅游了，昨天刚回来，这是带给您的特产"等，孩子能牢牢地记住简短的话即可。

第四章
可以增强自信、培养责任感的独立劳动

这是学会和他人沟通的第一步

按邻居电话，如果没有人在家，就放在玄关前面或者信箱里。

"我来给您送传阅板。"

妈妈说周日去了某地，这是给您带的礼物。

也可以说："老家寄来了好多特产，请大家一起品尝。"

😞 孩子不配合的时候……

"交给对方就好。"

- 即便没能很好地转述也没关系，邻居很容易就能明白，所以让孩子放心去送吧。

小要点

☐ 打招呼了吗？

☐ 细心地放置传阅板了吗？

招待客人

能够熟练地招待客人是长大成人、可以独当一面的证明。学会招待客人可以增强自信,培养沟通能力。

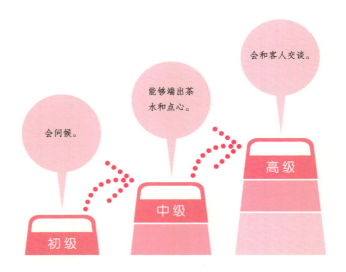

孩子也要帮忙招待客人

家里面来客人时，孩子是不是躲在房间里不出来，觉得和他没关系；或者只打个招呼，之后就一副假装不熟的样子。

到访的客人需要家人们的共同欢迎。作为家庭的一员，请让孩子帮忙招待吧。

孩子招待客人会让人觉得他有教养，这是在家里教育孩子懂礼貌的好机会。

 从问候开始

即便是很小的孩子，也要让他认真地问候客人。

"您好，我是某某"，在客人询问姓名之前，先自报姓名。

客人告别时，孩子也要一起送客。走到玄关，一直目送到看不见客人再转身。

 端茶

我建议让孩子给客人端茶。孩子一定会被客人表扬，心情也会变好。

可以把托盘放在桌子上，按照右侧放点心、左侧放茶的顺序端出来。

告诉孩子端茶前要问候"欢迎您来做客"，离开时要说"请您慢慢品尝"。小的时候即使胆怯，也有其可爱之处，到了小学三四年级就可以大方、从容地问候了。

学着愉快地问候客人吧！

能够大方地打招呼就说明孩子做得很棒。

第四章
可以增强自信、培养责任感的独立劳动

双手端茶，不要慌，慢慢来就不会失败。

😞 孩子不配合的时候……

"和妈妈一起出去迎接，好吗？"

- 如果孩子一个人感到害羞，就不要强求，试着陪孩子一起做吧。

小要点

- ☐ 茶杯放在便于客人饮用的位置了吗？
- ☐ 说话声音清楚吗？

照顾和照料

照顾弟弟妹妹

作为年长者，会照顾比自己小的孩子，这样的人自然会掌握如何立足社会的能力。

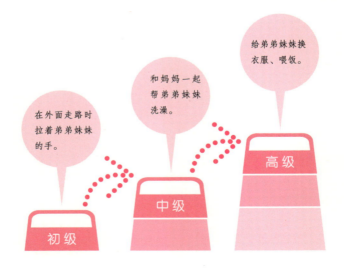

第四章
可以增强自信、培养责任感的独立劳动

👍 混龄相处的好处

在幼儿园、学校，通常是按照同一年龄横向进行班级划分的。但是人们发现，在独生子女家庭中，不同年龄的孩子交流的机会越来越少，所以学校也开始在纵向授课上下功夫了。

如果孩子有兄弟姐妹，不要同样视为"孩子"，区分年龄看待，会带来很多好处。

虽说不同年龄相处会有好处，但如果让孩子照顾弟弟妹妹时，孩子不情愿，父母也不能一味地强迫孩子照做，而是要跟孩子解释"因为你是哥哥""弟弟妹妹还小"等。

年长的孩子，能做的事情多，也能照顾比自己小的孩子。年幼的孩子，不会做的事情有很多，会听哥哥姐姐的话。兄弟姐妹之间是可以相互依赖的。

✌ 年长的孩子能做的事

给幼小的弟弟妹妹洗完澡后，妈妈是不是会忙得团团转？

这时，妈妈可以对大一点的孩子说："洗完澡后，你能帮忙擦擦弟弟（妹妹）的身体吗？"巧妙地借助年长孩

子的力量吧。如果年幼的孩子说"要妈妈来擦",可以试着回答:"妈妈现在忙得腾不开手,所以拜托哥哥(姐姐)来给你擦。"说不定年幼的孩子会很依赖哥哥姐姐呢。

给婴儿洗澡也一样,妈妈可以先进浴室,对年长的孩子说:"你把弟弟(妹妹)的衣服脱掉,然后带他(她)过来",像这样拜托哥哥姐姐,他们会做得很好。在照顾的过程中,哥哥姐姐对弟弟妹妹的亲情也会变得更深厚。

出门在外时,多数家庭都是让年长的孩子一个人走,父母牵着年幼孩子的手。但是偶尔也让年长的孩子牵着弟弟妹妹的手吧。"挨着马路一侧很危险,不要站在这边"等,孩子会展现出让你意想不到的温柔、细心。

也有很多时候,年幼的孩子遇到困扰时会告诉年长的孩子。

第四章
可以增强自信、培养责任感的独立劳动

让哥哥姐姐来帮忙,弟弟妹妹也会依赖哥哥姐姐

兄弟姐妹之间相互依赖,会显现出混龄相处的好处。

☹ 孩子不配合的时候……

"你是哥哥(姐姐)呀!"

- 如果孩子发牢骚:"妈妈来做不就好了吗",那时候就这么对他说。

小要点

☐ 孩子没有不情愿,没有胡来,而是温柔地照顾弟弟妹妹了吗?

☐ 坚持照顾到最后了吗?

照料宠物

照料动物永远无休止。如果没有持久力,就无法坚持下去。

第四章
可以增强自信、培养责任感的独立劳动

👍 即使麻烦也要坚持

照料兄弟姐妹还可以算是"帮忙",但照料宠物不一样,如果没有人照料,宠物就无法生存。

多数情况下,即便是孩子说想养宠物,实际上照料宠物的人却是妈妈。

但是,这本应是孩子负责的工作,所以还是坚持让孩子自己做吧。如果父母总是代替孩子去做,孩子渐渐地就不会去做了。因为无论是谁,都乐于偷懒放松。

实际上,如果有耐力能够认真照料宠物,那么以后做任何事情都能够坚持下去。因为照料宠物是很辛苦的工作。

虽然麻烦,但还是鼓励孩子坚持照料吧。

✌ 能够主动去做吗

喂食、喂水很简单。不过,孩子能达到不用父母吩咐,到了规定的时间就主动去做的程度吗?

如果器皿脏了,孩子会自己拿去洗干净吗?事先告诉孩子要在哪里洗吧。

遛狗也一样。孩子能够做到不用父母吩咐,就把遛狗当作和狗狗的约定坚持做下去了吗?"妈妈,谢谢您帮我

遛狗",在自己不能去时,也依然把它当作自己的工作,感谢他人的帮忙,这样才算真正地饲养。

✌ 处理粪便

照料宠物中最麻烦、最辛苦的就是处理粪便。外出散步时,必须处理好宠物的粪便。即便在家,当狗想尿尿时,也要让它到规定的地方撒尿。

如果能处理好这些事情,孩子作为饲养者也会拥有自信。

"交给你来做,爸爸妈妈很放心""果然是你养的,很听你的话"等,重要的是父母要夸奖孩子,让他感受到因照料宠物而产生的喜悦。

第四章
可以增强自信、培养责任感的独立劳动

坚持照料宠物

绝不可以只在自己快乐的时候、想和宠物玩耍的时候才照料。喂食、散步、处理粪便等，会照料宠物生活所需，才能算是饲养宠物。

我去上学啦！

😟 孩子不配合的时候……

"对宠物来说，只有你可以依靠。"

- 请让孩子认识到，除了宠物，他还可以玩玩具、交朋友，但对于宠物来说，只有他可以依靠。

小要点

☐ 孩子关心宠物的状态了吗？

☐ 孩子疼爱宠物吗？

别插手，让孩子自立的家务课

照料植物

和照料宠物一样，照料植物也需要持久力。

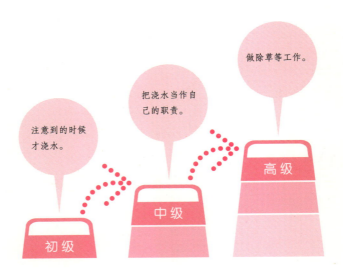

第四章
可以增强自信、培养责任感的独立劳动

👍 不过就是浇水,然而……

提到阳台、庭院里的植物养护,总而言之一句话,那就是浇水。想做就会很简单,但不知不觉就会忘记,最后导致花草枯萎。

小孩子都喜欢给花浇水。如果从小就和妈妈或者爸爸一起养护植物,时间一长,孩子自己也会变得关心植物。

家人一起养护植物不同于养护家,这是一种放松的活动。挑个风和日丽的一天,家人们惬意地侍弄一下庭院,也许能收获超乎想象的满足感。

浇水的秘诀是,当土壤表面开始干燥时,就浇足、浇透。

孩子喜欢把喷壶拿到花的上面浇,那样花会受损。

要给叶子和盆土部分浇足量的水,浇透。秘诀是浇到水从盆底流出来。

而且要告诉孩子,夏季要选择在凉爽的早晚浇水,冬季选择在温暖的午间浇水。

和孩子一起比赛摘去开败的花蒂,会像玩游戏一样开心哦。

✌ 除杂草

无论多么小的空间,有土的地方,都会生杂草。和孩子一起拔除杂草吧。

除杂草的诀窍是握紧根部,连同根底一起拔出来。如果根底有残留,又会很快长出新草。

如果土壤硬,就先用铁锹把周围的土稍微挖松刨开,这样就能顺畅地拔出杂草的根部。"咻的一下就拔出来了,好开心啊!"和孩子一起开怀大笑吧。

可以把拔出的杂草放进塑料袋里处理掉。如果土壤缠结在杂草根部,拍掉土壤后再丢掉吧。

劳动时,穿配套的劳动服同样重要。戴上劳动手套、帽子,喷上防蚊液、穿上长裤以防蚊虫叮咬。

第四章
可以增强自信、培养责任感的独立劳动

掌握诀窍，干活更轻松

浇花时，不要往花瓣、花蕊上洒水，而是要大量地洒向叶子或者花盆里的土壤。

握紧草根，连同根底都拔出来。即便杂草很多，如果掌握诀窍，做起来就会很轻松。

😟 孩子不配合的时候……

"花在笑呢！"

- 变得和花一样开心，传达给孩子开心的情绪。

小要点

☐ 是不是只浇表面就可以呢？

☐ 是否把杂草的根部都彻底拔除了呢？

专栏 爸爸和男孩子也来做家务吧

家务是女孩子才干的?

前面我们提到过"禁句",实际上还有一个禁句没有提,那就是"因为是男孩子"。

儿女双全的家庭是不是往往倾向于让女孩子帮忙做家务呢?如果男孩子抱怨,或者不动手做,是不是就觉得"没办法,谁让他是男孩子""男孩子,就不强迫他了"呢?

或许,爷爷奶奶也会对孩子"建议"说:"你是男孩子,不会做饭也没事。将来你的妻子会给你做好吃的饭菜。"

让爸爸参加

而且爸爸们普遍认为"家务是妈妈的工作",自己什么都不用做。当然,虽然有男女职责不同的因素存在,但如果妈妈在家无论多忙,爸爸都在一旁躺着,还说"饭还没做好吗"之类的话,孩子也会抱有同样的想法。

比起妈妈的想法,实际上孩子是否愿意做家务,受爸爸的影响更多一些。

第四章
可以增强自信、培养责任感的独立劳动

　　妈妈一定要和爸爸商量,为了孩子着想,请让爸爸也参与做家务。

　　现在这个时代,不会做饭、不会打扫的男生一点也不受女生的欢迎。如果儿子永远需要妈妈在家照料,妈妈不是更感到困扰吗?

Chapter 05 第五章 通过一整年的家务劳动，培养孩子丰盈的内心

一年之中有很多传统活动，相应地，也有很多要做的家务。
全家人共同分担并参与其中，使生活变得丰富多彩吧。
如果把活动准备看成劳动，就会觉得麻烦和辛苦。
不如转换一下思路，把它当作亲子游戏，和孩子一起享受其中，
将它作为家庭的惯例活动，开心地做准备吧。

在期待中准备
——季节性家务劳动日历

通过活动感知季节,情感也会因此变得丰富。

每个家庭都有自己的做法,重要的是在每年相同的时节,父母都要乐于做相同的准备。

1月 七草粥 正月

2月 节分

3月 女儿节 赏樱花

4月 新学期

第五章
通过一整年的家务劳动，培养孩子丰盈的内心

- 5月 端午节
- 6月 季节性换衣 → 228页
- 7月 七夕
- 8月 孟兰盆节
- 9月 赏月
- 10月 季节性换衣 → 228页
- 11月 七五三
- 12月 大扫除 → 230页 圣诞节

一年又一年的家务

生活的齿轮每天都在转动,没有终结,也没有大的变化。生活也正因此而丰富多彩。

日积月累,一年的循环又转回来了。

我们就这样日复一日、年复一年地生活着,想到这些,我们就会怀念逝去的过往和憧憬未知的将来。

孩子比大人更能切身感受到时间的流逝。孩子日日都在成长,今天和昨天不一样,明天和今天也不一样。

正因为孩子在童年时期会飞速成长,所以,请通过生活告诉孩子,时间在不紧不慢从容地转动着,而他也在茁壮成长着。

正是这些用自己双手完成的季节性传统活动和日常的家务,才使得一年又一年正常地循环往复。

准备和收拾

到了节日当天,大家都会很兴奋。不过,比起正日子,传统活动真正的快乐在于准备时的兴奋,还有结束后收拾时的平静。心想着"又到这个季节了",便期盼地取出工具;"等来年再做",便平静地收拾干净。请一定要让孩子体验做这些工作的乐趣。

季节性传统活动

继承了代代相传的生活文化后,从个人层面来说,会有一种自我认同的安心感。

👍 **季节性传统活动是家庭的文化**

幼儿园、学校大多会举办季节性传统活动,请大家和孩子在家里也一起举办吧。

每次都筹备新事物会很麻烦。决定好"我们家就这么做"后，每年可以重复做同样的准备。

而且，如果想把所有活动都举办得很完美，光想一想就很累，所以不必过于追求完美。例如"我们家七夕不用做江米团子，赏月的时候吃江米团子就行"等，可以自行，将自己期待的事情加进去。

孩子非常喜欢"和平常有些不一样的气氛"，巧妙利用孩子想帮忙的兴奋劲儿吧。把大部分准备工作交给孩子做也是让他保持兴奋的秘诀。

把自家的做法传授给孩子

◆ 正月

不要因为每年都是同样的东西而感到厌烦，而是要想，每年有这些活动才算是正月啊。

想一想都需要准备什么东西，和孩子一起享受准备的乐趣吧。虽然重复，但万年不变也是年节菜的优点所在。父母也能告诉孩子它们的由来。

◆ 传统节日

到了传统节日，可以做些活动庆祝一下，哪怕很简单，大家也会期待。比如,端午节吃粽子,虽然简单,但形成习惯后,也是令人急切盼望的。

在中秋月圆夜问孩子"要来一起赏月吗",虽然简简单单的,但气氛就会变得不同于平常。抬头望月,和孩子一起开怀大笑,"哇,月亮好圆",这是无可替代的美好时光。

每个家庭都有各自的做法

每年都会做同样的事情是很重要的。可以一起谈论传统活动的由来等。

孩子不配合的时候……

"妈妈很开心呢!"

- 父母期待的事,孩子也会莫名地感到期待呢。

小要点

☐ 除了盛盘、装饰,是否从前期准备的时候就帮忙了呢?
☐ 帮忙善后收拾了吗?

季节性换衣

比起一整年就那样放在外面不收拾,季节性换衣会让孩子更懂得爱惜物品。

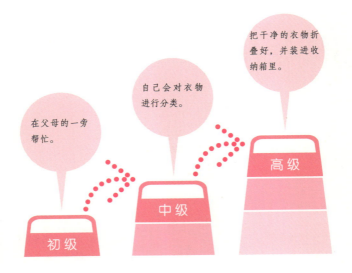

在父母的一旁帮忙。

自己会对衣物进行分类。

把干净的衣物折叠好,并装进收纳箱里。

初级　中级　高级

第五章
通过一整年的家务劳动，培养孩子丰盈的内心

👍 通过季节性换衣护理衣物

　　季节性换衣并不是简单地替换一下冬衣、夏衣即可，而是要对衣物进行盘点，进行必要的护理。

　　季节性换衣一般在春季和秋季。天气变化无常，当我们感觉到"马上穿不上夏衣（冬衣）了"的时候，就可以进行换衣了。我一般会选在5月和10月晴朗的休息日来整理。

　　把过季的衣服从衣柜里拿出来，进行如下分类。

① 干净的（没有穿过）、能直接收起来的衣服。放在通风处晾一下，然后叠好放进衣服收纳箱。

② 去除表面的污垢后，就能收起来的衣服。用刷子刷，或者用拧好的湿毛巾把衣服表面擦拭干净后，阴干，然后收起来。

③ 清洗后，再收起来的衣服。这些衣服马上拿出来整理吧。一直拖着攒着，也许几个月一眨眼就过去了。

④ 已经不能穿的、不想穿的、可以处理掉的衣服，变小的衣服可以送给别人，变旧的衣服可以作为旧布再利用。

把分类方法也告诉孩子吧。和孩子一边整理变小的衣服,一边亲切地交谈:"这半年,你长高了5厘米呢""这件衣服是你堂哥(堂姐)给你的,到了正月你们又能见面了",一起回想往事也是一件趣事。

✌ 衣物收纳箱的整理方法

因为首先要收拾干净的衣服,所以要先确认双手是否干净,然后再开始收拾。

放进衣服收纳箱里时,考虑到这些衣物要折叠起来放置近半年,所以选择两袖折入的方法(见第83页)整理吧。

需要挂在衣架上的衣物要注意避免变形。多层重叠挂起来,时间一长就会挂出相应的形状。

防虫剂挥发掉的成分会堆积,所以请放在衣物的最上面。

第五章
通过一整年的家务劳动，培养孩子丰盈的内心

不同的衣服，护理方法也不同

用刷子去除灰尘后，阴干。

不穿的衣服重新折叠好。

机洗或者干洗后再收拾起来。

不要塞得满满的，留出富余的空间（折叠方法请参考第 83 页）。

穿不了的衣服可以回收再利用，或者送给他人。

😟 孩子不配合的时候……

"戴上口罩收拾吧。"

- 季节性换衣时，细小的衣服纤维和灰尘会四处飞散。如果打开窗户还是会打喷嚏、咳嗽，就戴上口罩吧。

小要点

☐ 自己知道哪件衣服曾经被如何穿过吗？
☐ 是否细心地装进了衣物收纳箱里呢？

大扫除

大扫除代表着过去一年的结束,也是为了迎接新年而做好准备。这有助于培养孩子有张有弛的生活态度。

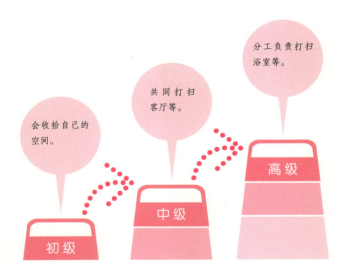

- 初级:会收拾自己的空间。
- 中级:共同打扫客厅等。
- 高级:分工负责打扫浴室等。

把大扫除当作家庭活动

家人在一起做家务的过程中，亲情会越来越深。这也是本书反复强调的。

大扫除等传统活动会加深家人之间的联结。特别是平常不太做家务的爸爸，在大扫除时也要干许多家务活。这是爸爸向孩子和妈妈展示自己值得依靠的好机会。

既然是家庭活动，我们可以事先制订好日程表。

"12月28日开始大扫除。你想打扫哪里？""3点的下午茶妈妈会做很多好吃的东西，你要拿出足够的力气干活！"大家决定好分工，就制订扫除计划吧。

抹布、掸子等，家人一起出去买工具也是很令人开心的。给孩子买儿童专用的小号拖把，孩子会干劲十足哦。

如何分工

在现代生活中虽然也称作大扫除，但多数情况下我们不需要进行大规模的打扫。

不同的家庭有不同的习惯，有的家庭有些地方必须打扫，和孩子分工打扫这些地方吧。可以参考下面列出的分工示例。

别插手，让孩子自立的家务课

◆ 打扫客厅

所有东西都收拾好后，可以由孩子负责擦玻璃。高的地方（如照明器具）、重物的移动（电视柜等的移动）可以交给爸爸来做。需要用抹布擦的地方、掸灰尘的地方、用到吸尘器的地方可以交给妈妈。

◆ 打扫卧室

妈妈负责洗床单、晒被子，孩子负责吸尘。

◆ 打扫浴室

爸爸和孩子一起分工。天花板的清洁、需要用到化学药剂的打扫就交给爸爸。

◆ 打扫玄关

孩子负责。节日的装饰全家人负责。

完成大扫除后，做一顿丰盛的饭菜，大人喝啤酒、孩子喝果汁，全家一起干杯犒劳一下自己吧。

第五章
通过一整年的家务劳动,培养孩子丰盈的内心

全家人一起做,很快就能收拾干净

决定好任务分工,一口气收拾完,畅快地迎接新年。

😞 孩子不配合的时候……

"如果说累,会越来越累哦。"

- 如果孩子中途喊累,"好累啊""不想干了",就稍微给他鼓鼓劲儿吧。当然,不要忘记中途给家人补给能量。

小要点

☐ 孩子是否快乐地投入其中呢?

☐ 孩子为了迎接新年而仔细打扫了吗?

• 附　录 •

● **家务劳动清单**

帮忙做家务的好处

[❶   ]

但在日常生活中

[❷   ]

　　爸爸、妈妈、孩子写出来的是一样的吗？还是有不同的说法呢？

　　为什么会写出这个答案呢？试着向家人说明一下吧。无论怎么写，都是正确答案。把自己的想法用语言表达出来后，不可思议的是，自己就会更确信这个说法。"我是这么认为的"，从而对这个想法抱有坚定的态度。请认真倾听孩子的说明，充分理解他内心的想法吧。

附录

● 一家人的家务劳动计划表

姓名	周一	周二	周三	周四	周五	周六	周日

使用方法请参考第29页的内容2,"决定大家的分工"。